技芸《アート》としての
カウンセリング
入門

杉原保史
Yasushi Sugihara

創元社

まえがき

世の中にカウンセリングを学びたいと思っている人はどのくらいの数いるのでしょうか。具体的な数字についてはは想像もつきません。けれども、現代の日本社会においては、潜在的にであれ、多くの人がカウンセリングを求めているように思えますし、またそうした求めを察した多くの人がカウンセリングへの興味や関心を高めているように感じられます。

本書は、そうした人々の興味や関心に応えることを意図しています。つまり本書は、学問的な専門書でも、大学の授業用の教科書でもなく、カウンセリングに興味や関心を抱いている一般の方々に向けて書かれたカウンセリングの入門書です。学問的に体系立てられた知識を伝えることよりも、実際に心理援助の現場で役に立つことを第一に考えて書かれた実用書です。

もちろん、カウンセリングを専門に学ぶ大学生や大学院生にも読んでいただければ嬉しいです。けれども、本書は主に学術よりは実用のために、学識よりは実践的技能を高めるために書かれたものだということを、はじめにお断りしておきたいのです。

率直に言って、私のカウンセリング観は、世の中の多くの先生方のカウンセリング観とはかなり違っていると思います。詳しくは「はじめに」において述べますが、私はカウンセリングの実践を学問や科学よりは技芸（アート）に近いものと考えているのです。ですから、カウンセリングの修得には知的な学習とともに体験的な学習が必須ですし、よく演劇学校で行われているような身体的な学習もかなり重要だと考えています。そのような考え方を反映して、本書の内容には従来のカウンセリング入門書にはないユニークなところが多々あると思います。

本書を執筆するにあたって私は、できるだけ入門的な内容となるよう、また入門者がしばしば尋ねる疑問に答えるものとなるよう、努力しました。抽象的な議論にならないよう、できるだけ具体的な題材を提示し、体験的に学んでいただけるよう配慮しました。さらに、付章として入門的な実習を提示するとともに、こうした実習を安全かつ生産的に行うために重要だと思われる注意事項にも触れておきました。

しかしなお、本書には入門書としては内容的に難しいところがあるかもしれません。易しく書くというのは本当に難しいことです。本書の執筆を通して、私はそのことを痛感しました。

読者のみなさんからの忌憚のないご意見、ご感想をお待ちしています。

技芸としてのカウンセリング入門　目次

技芸《アート》としてのカウンセリング入門

装画　野津あき
装丁　濱崎実幸

はじめに

本題に入る前に、ここで、本書を執筆する私の基本的な立場や考え方について簡単に紹介しておきましょう。

本書に表現されている私の考え方の顕著な特徴は、カウンセリングを**技芸**（アート）として見る見方にあります。カウンセリングを、科学や学問としてよりも、技芸として見る。私は、カウンセリングは、端的に言って、音楽や演劇やお笑いなどのパフォーミング・アートの一種だと考えているのです。

カウンセリングや心理療法は、学問の殿堂である大学で教えられていますが、物理学や生物学や天文学などの自然科学の場合とは違って、もっぱら知性の働きによって学習されるものではありません。むしろそれは芸術大学における音楽の修得とよく似ていると思います。こう演奏するのだと頭で分かっているだけではダメなのです。実際に身体を使ってそう演奏できるようになることが重要なのです。もっと言えば、演奏できればよいのであって、自分の演奏を知的なやり方で説明できるかどうかはどうでもいいのです。

もし現代の物理学者がタイムスリップして三〇〇年前の物理学者に出会ったなら、たとえ物理学を学ぶ平凡な大学院生がアイザック・ニュートンに出会ったとしても、物理学について教

えてあげられることがたくさんあるでしょう。逆に、物理学についてニュートンから教えてもらうことなど、まずないでしょう。けれども、現代の超一流のバイオリニストでさえ、二〇〇年前にタイムスリップして、ニコロ・パガニーニに出会ったならば、彼の演奏を学びたい、弟子にして欲しい、と熱望することになるはずです。

カウンセラーの場合を考えてみると、この物理学者の場合よりも、バイオリニストの場合の方に圧倒的に事情が近いと思います。にもかかわらず、現在のカウンセリングの教育環境は、バイオリニストの教育環境には似なさ過ぎであって、物理学の教育環境に似過ぎであるように思えます。具体的に言えば、実技の比重が少な過ぎる、手本を見る機会が少な過ぎる、知的な議論が多過ぎる、文字の情報に頼り過ぎている、と思うのです。

こうした思いから、私は、一〇年ほど前から、研修の講師を依頼された際に、新しい形式での研修を試みるようになりました。それは、二〇～三〇人ほどの輪の中で一時間ほどのカウンセリングを私が実際に行って見せて、その後、みんなで話し合うという形式の研修です。もちろん、そのような条件を承知の上でクライエント（相談に来られた方）の役をしてくれる受講生がいてくれればのことですが。

専門家の先生方の間には、そのような試みは危険なのではないかと危惧する声もあるようです。確かに危険はまったくないとは言えません。けれども、こうした経験を重ねる中で私が見いだしてきたのは、その危険は過大評価されたものだということです。これまで何十回かのセッションを持ってきましたが、クライエント役をした人から苦情を訴えられたことは幸いにして一度もありません。

それに、カール・ロジャースや、アルバート・エリスといった、世界中のカウンセリングの教科書に名前が載っているようなカウンセリング界の巨匠たちにしても、そうした公開のカウンセリングを行っていたのです。それとも、そんなことはロジャースやエリスのような大物だけに許されることなのでしょうか。

　まあその点はさて置くとしても、そうした試みを誰もしないことの危険性についてはどうなのでしょう。カウンセリングを学んでいても、カウンセラーである先生が実際どのように面接しているのか、一度も目にしたことがないという人は実はとても多いのです。先生はカウンセリングを論じるばかりで、実際の面接の見本を見せることはただの一度さえない。実際的な指導と言えば、せいぜい、学生カウンセラーの面接の発表を聞いて評論するだけ。そんな指導方法の下でカウンセリングを効果的に修得することが本当にできるのでしょうか。

　先生が手本を一度も見せないでバイオリンを教えている音楽教室がどこにあるでしょう。教室で泳ぎ方の講義をして、あとは生徒それぞれが密室のプールで泳いでみて、ときどき教室に集まって報告会を開き、議論する、そんな水泳教室がどこにあるでしょう。

　誤解のないように付け加えておきますが、このようにカウンセリングの実践を技芸であると主張しているからと言って、私はカウンセリングが科学とは無縁のものであるとか、科学を無視してよいものだとか言っているわけでは決してありません。

　それどころか私は、カウンセリングを科学の光で照らし出すことはとても重要なことだと考えています。カウンセリングの実践を技芸であると述べることは、決して科学的な研究を軽視することを意味するものではありません。この点はよく誤解される点なので、ここではっきり述べておきたいと思います。

　カウンセリングがこの社会で健全に発展していくためには、科学の光でその実践を照らし、導いていくことが必要です。

　けれども、残念ながら、カウンセリングと科学との関係は、通常素朴に思われているほど単純なものでも幸福なものでもないというのが私の考えです。すぐれた科学者がすぐれた実践家だとはまったく限りません。人の苦悩を和らげる上で重要な心理学的原理を科学的に正しく理解していることと、その原理を面接の中で実際に実践できることとは、まったく別のことだからです。これは、自転車が倒れずに走行できる理由を物理学的に理解していることと、実際に自転車に乗れることとがまったく別のことであるのと同じです。

それに、そもそも現在までのところ、科学的探究がもたらしてきた知見は、カウンセリングの実践にとって示唆的なものではあるものの、とうてい決定的なものではありません。多様な立場の学者たちが終わりの見えない議論を繰り広げているというのが現状です。

カウンセリングと科学との関係は、非常に複雑で、一筋縄ではいかない問題なのです。にもかかわらず、近年、カウンセリングに非常に単純かつ平板な「科学」を性急に求め、その「科学」に適合しないものを排除しようとする風潮が高まってきました。

現代社会においては、科学的であると見られることが、社会的信用を得るために決定的に重要な条件です。逆に言えば、科学的でないと見られることは、社会的信用という面では致命的なことであり、それはすなわち、社会の表舞台からの追放を意味しています。カウンセリングは、気持ちの上で弱っている人を相手に密室で行われるということもあり、ともすれば怪しげなものと見られがちですから、社会的信用を得るために、何としてでも自らを科学的なものとして提示する必要があるのです。

その必要は理解できます。けれども、だからと言ってその必要を満たすためなら何をしてもいいとは思えません。私には、現在のカウンセリング界は、カウンセリングを科学的なものに見せなければならないという重圧に支配されているように見えます。そして、そのように科学的に見せる努力に突き動かされている人々にとって、カウンセリングの技芸としての性質はマイナス要素と映るのでしょう。カウンセリングの技芸としての性質を正当に取り上げることは、カウンセリングの科学的な体面を傷つけることと誤って受け取られ、恐れられているのだと思います。その結果、カウンセリングの技芸としての側面は、積極的に無視されているのです。

このことは、現代社会が「科学」を過剰なまでに偏重していることの副作用だとも言えます。

カウンセリングの世界に単純で平板な「科学」を性急に持ち込もうとする急進的な勢力は、伝統的なカウンセリング学派の多くを擬似科学であると見なし、その存在価値を全否定しようとしがちです。私は、伝統的なカウンセリングの学派の多くが、実証的な厳密科学の基準を十分に満たしていないということに異論はありません。しかしながらそれらの学派は、技芸の文化を培い、成熟させ、継承してきたのです。それらを実証的な厳密科学でないという理由だけでまるごと打ち捨ててしまうことはまったくの愚行だと断言できます。

だから私は、カウンセリングにおける科学の価値を否定しているわけではまったくないのです。私は「カウンセリングにもっと本物の科学の光を」と心から願っています。しかしそれと同時に「カウンセリングの技芸としての性質にもっと注目を」とも願っているのです。*

カウンセリングと科学
カウンセリングをはじめとする心理的な援助と科学との関係については、言いたいことがたくさんありますが、ここで深く立ち入ることはできません。興味のある方は、フランクとフランク（一九九一）、杉原（二〇〇九、特に第2章）を参照してください。

文　献

- フランク J・D&フランク J・B（一九九一）『説得と治療：心理療法の共通要因』（杉原保史訳、二〇〇七）金剛出版
- 杉原保史（二〇〇九）『統合的アプローチによる心理援助：よき実践家を目指して』金剛出版

第1章　カウンセリングとは

✤「カウンセリングとは何か」という問い

カウンセリングとはいったい何なのでしょう。[*] この問いに答えるのは一筋縄ではいきません。というのも、私は長年にわたって毎日のようにカウンセリングを行ってきたわけですが、あらためて振り返ってみて、自分自身でも、自分のやっていることをあまりうまく説明できないように思うからです。自分のやっていることを、理路整然と「私はかくかくしかじかのことを、かくかくしかじかのようにやっている」とは言えない気がするのです。意識的にはおおむねある原理に従って面接しているようにも思うのですが、しかし常に一貫してそうしているわけではなく、別のときには一見するとそれとは相容れない別の原理に従って面接していることもしばしばあります。

いやむしろ、振り返って「今のはいい面接だった」と思えるような面接は、ただその瞬間瞬間にまったく没頭して会話したというだけの面接であって、決してカウンセリングとはこういうものだからこうするのだという考えに基づいて会話していた面接ではないのです。むしろ何らかのカウンセリングの理論に基づいて意識的に思考しながら会話をしているのは、面接プロ

カウンセリング、心理療法、心のケア

心理的な援助には、カウンセリング、心理療法（サイコセラピー）、心のケアなど、いろいろな名前のものがあります。これらは互いに重なり合うもので、明瞭に区別することは難しいです。けれども、強いて言えば、心理療法は精神障害を治療するというニュアンスが強く、医療の文脈で用いられることが多いです。カウンセリングは人間的な成長や人格の変化を促進

セスがうまくいっていないときであることが多いように思えます。

そうは言っても、ここではこの問いに、私なりに何とか答えてみたいと思います。

ごく大まかに言えば、カウンセリングとは、「クライエントの心理的な福祉の向上を目指して行われる対話」だと言えるでしょう。これぐらい大まかに抽象的に言うと、多くのカウンセラーが同意してくれるのではないかと思います。

しかし、一歩踏み込んで、では「クライエントの心理的な福祉の向上」とは具体的にどういうことを意味しているのか、そのための具体的な方法はどのようなものか、といった点に話が及ぶと、たちまちカウンセラーの間に大きな論争が巻き起こります。現在のカウンセリング界には、非常に多種多様な立場があり、それぞれが違った主義主張を戦わせているからです。ここでこのような論争について真剣に論じ始めれば、膨大な議論になってしまうことでしょう。ここでは大上段からそのような膨大な議論に挑んでいくことは差し控えたいと思います。

むしろ、肩の力を抜いて、あまり強迫的にならずに、私の考えるところのカウンセリングというものについてお話ししてみましょう。以下は、あくまで私のパーソナルな歩みの中で形成されてきた、ささやかなカウンセリング論です。そして先ほども述べたように、このカウンセリング論は、私自身もつねに一貫してこう考えているというわけではないけれども、基本的にはおおむねこう考えているといった程度のものです。そのことをまずお断りしておきたいと思います。

このようにくどくどと前置きするのにも、それなりの理由があります。結局のところ私は、「カウンセリングとはこういうものだという、あらかじめ固定された考えに縛られること自体が、まったくもって非カウンセリング的だ」という考えを抱いているのです。「カウンセリングとは何か」という問いに取り組むに当たって、その問いに対する私なりの答えをあまり固く、

するというニュアンスが強く、教育や福祉など非医療の文脈で用いられることが多いです。心のケアは、災害、事件、事故、死別、病気などによって強いストレスにさらされている人に向けて届けられる幅広い心理的な援助を指していることが多いです。

杓子定規に受け取らないよう読者に求めたいと希望しているのです。

「カウンセリングとは何か」という問いは、ある意味で些末な問いです。極論すれば、クライエントがより生き生きと豊かに生きられるよう援助できるのなら、何をしたっていいのです。繰り返し述べます。**何をしたっていい**のです。むしろ、「カウンセリングとはこうするものだ」というあらかじめ人から与えられた枠組みで自分を固く縛ることには、あなたの中の援助のリソースを深く休眠させてしまう危険性があります。

では、この、些末ではあるけれども、しかしなお重要な問いに取り組んでいきましょう。

✤クライエントの「体験を促進する」

カウンセリングとはいったい何を目指して行うものか、具体的に言おうとすると、いろいろ挙げられると思います。信頼関係を形成する、症状を和らげる、症状が潜在的に持っている意味を理解する、不安を低減する、押さえ込まれていた情動を解放する、新しい適応的な行動を学習する、などなど。カウンセリングは単一の焦点をもったシンプルな活動ではなく、同時的に多くの焦点をもった複合的な活動なのです。

しかしその中でもっとも重要なものを一つ挙げるようにと言われれば、私は「面接の今ここでクライエントの体験を促進する」ということを挙げるでしょう。

「体験を促進する」とはどういうことでしょうか。それは、不安や恥辱感や罪悪感など、いわゆる否定的感情を引き起こすという理由で、自分自身が知らず知らずのうちに遠ざけ、抑え込んでしまっていた体験に直接的に触れることができるように導くということです。恐れられ遠ざけられてきた体験に落ち着いて心を開くことができるよう導くことだとも言えます。

ただし、このとき注意して欲しいのは、恐れられ遠ざけられていた体験にじっくりと触れていくということは、ただ怖さに溺れるとか、不安に圧倒されるとか、抑え込まれていた感情を爆発させるとかいうのとは違うということです。このことはまた後で詳しく述べます。

人間は、高度に複雑な体験が可能な頭脳をもった生物です。あることを思う、あることを欲望する、ある感情を抱く、とほぼ同時に、その思いや欲望や感情についての思いや欲望や感情を持ちます。そしてさらに、その二次的な思いや欲望や感情についての思いや欲望や感情を持つこともありえます。

たとえば、誰かについてうらやましいなあと思う。と同時に、うらやましいと思っている自分をダメだと思う。と同時に、うらやましいと思っている自分をダメだと思う自分をさらにダメだと思う……というふうに。

あるいは、人の悪口を言っている人を見て、愚かだなあと思う。と同時に、人の悪口を言っている人のことを愚かだなあと心の中でバカにしている自分を最低だなあと思う。と同時に、そのように自分を責めて落ち込んでいる自分をダメだなあと思う。

このように思考、感情、衝動、願望などが、互いが互いの刺激となり反応となることで、複雑な〈刺激―反応〉の連鎖を作っていきます。そしてそれらの連鎖は、しばしば、まるごと苦しい体験として、はっきり認識されることもなく心の周辺へと遠ざけられてしまいます。精神分析*の黎明期において、アドラーやユングは、これを「コンプレックス」と呼びました。そうなると、コンプレックスはふだんはあまりはっきりと自覚されず、何かもやもやとした不快な感じとしてしか感じられなくなったり、肩こりや頭痛としてしか感じられなくなったりしてしまいます。自分でも自分の感じがはっきりつかめなくなるのです。

遠ざけられているのは、何もその人の暗い一面ばかりとは限りません。自分はダメな人間だという自己概念を強く信じている人は、自分が持っている能力や可能性を恐れ、認めようとし

精神分析
ジクムント・フロイト（一八五六～一九三九）が、一九世紀の末、オーストリアで創始した心理療法の一種です。近代的な心理療法の出発点と考えられています。クライエントの無意識の心の動きを分析し、解釈することにより、クライエントに心理的な成長・変化をもたらそうとする心理療法です。その理論は奥深く魅力的で、修得するには長年に及ぶ高度の訓練が求められます。精神分析は、フロイト以降、さまざまな創造的な理論家によって発展させられてきました。現在、精神分析の内部には、多様な学派内学派が存在しています。

ません。自分は無価値な人間だという自己概念を強く信じている人は、自分がこの世に生まれてきた不思議にありのままに心を動かされ、この世に生を受けたもののすべてに与えられている尊厳を率直に体験し体現することができにくくなっています。実際、カウンセリングを求めて来談する人の多くにおいて、生きていくパワーの源となるような肯定的な体験が、親しめない体験として遠ざけられてしまっているのです。

もっと単純な場合もあります。高いところが怖いので高いところへは近づかないというような場合です。この場合、「体験を促進する」というのは、「高いところへ行って、高いところの体験をする」ということになります。たいていのカウンセリングでは、実際に高いところに行くのではなく、イメージを用いることによって高いところを体験しますが、イメージを用いるのは便宜上のことであって、目指しているところに変わりはありません。

そのようにして、恐れゆえに遠ざけられていたことを、落ち着いて十分にていねいに体験します。大事なのは高い場所にいることを「落ち着いて十分に体験すること」であって、「高いところへ行くこと」そのものではないことに注意して下さい。いきなり超高層ビルの屋上に上ってみても（あるいは、そうした場面をイメージしようと挑戦してみても）、怖すぎてじっくりと体験ができないのであれば、それは目指しているところとはまったく違います。階段一段の高さでもいいので、落ち着いてじっくりと注意を向けて体験することが大事なのです。カウンセラーはクライエントをただむやみに高いところへ連れて行けばいいということではありませんし、怖いことを体験させればいいということでもありません。そこで、恐れられているものへの持続的で良質な注意が確保されていることが必要です。*

また、高いところが怖い人のカウンセリングで大切なのは、このように「高いところにいる体験をする」ことであって、高いところが怖いという気持ちについてクライエントに説明してもらったり、どうしてそういう気持ちを抱くようになったのかについて過去を振り返って考え

高いところが恐いと訴える人が真に恐れているものは？

「高いところが恐い」と訴える人が恐れているものは、厳密に本当に「高いところ」なのでしょうか。その点を正確に見極めることが大切です。その人が恐れているのは、高い場所やそこから見える光景といった物理的な刺激そのものであるとは限りません。高い場所にいるとき、飛び降りてはいけないと非常に強く思うと、逆に衝動的に飛び降りてしまうのではないかという考えが生じてきたり、まっさかさまに墜落しているイメージがわき起こってきたりしてしまうものです。そうした考えやイメージこそが、真の恐怖の対象であることがしばしばあります。そのような場合、それらの考えやイメージを、わき起こるがままに任せながら、それらに支配されてしまわず、自分の心の中に勝手に生じてくるやっかいな心理現象として、落ち着いて体験できるよう援助することが重要です。

てもらったりすることではありません。「高いところにいる体験」を十分にすることなく、ただ高いところが怖い気持ちについて説明したり考えたりするような話し合いをいくら行ってみても、ほとんど何の効果も得られないでしょう。つまり、カウンセリングは単に知的なものではなくて、むしろ**非常に体験的なもの**なのです。

ですので、このようなカウンセリングの考え方においては、クライエントが知的な認識として何かに「気づく」こと、「理解する」ことを何よりも重要な目標とは見なしません。

しかし、カウンセリングとはクライエントに「気づき」「洞察」「自己理解」などをもたらすものだとしばしば考えられていますので、この点について少し詳しく説明しておくことが必要でしょう。

✤自己理解

カウンセリングを学び始めた頃、私は、カウンセリングとは、クライエントに自己理解をもたらすための対話だと考えていたと思います。その当時、自覚的にはっきりそう考えていたというわけではありません。ただ、現時点で振り返ってみると、そういう考えが強かったように思うのです。

もちろん、カウンセリングにおいては、自己理解、自己洞察、自己への気づきといったものが重要な要素であることは確かです。その意味において、このような考えは必ずしも間違いではないのです。クライエントは、面接の中でカウンセラーに話をしながら、あらためて自分の思いに出会い、自分の気持ちに気づくのです。

しかし、カウンセラーがクライエントとの対話の中で、クライエントに自己理解をもたらそうとして「あなたは○○といった気持ちを抱いているようですね」と言い、クライエントが「確かにそうです」と認めたとして、にもかかわらず何らよい変化が生じない場合がしばしばあります。確かに自己理解は増したはずなのに、何も変わらない。

こういう場合、最も伝統的な心理援助の流派である精神分析においては、「それは知的な洞察だったからダメなのだ」「情動を伴う洞察でないとダメなのだ」と言われます。「情動を伴う洞察」こそが治療的変化をもたらしうるのです。つまり、何か新しい気づきを得たときに、同時に温かな涙が溢れたり、笑いがこぼれたり、痛みを感じたり、悲哀が押し寄せたり、といったことが見られるなら、それこそが有意義な変化が期待できる兆しなのです。

とりわけ青年期にある学生のカウンセラーの卵にはありがちなことですが、頭のいい人がカウンセラーを目指すとき、まじめな人ほど、一生懸命に書物を読み、講義を聴いて、カウンセリングを知的に学ぼうとします。そしてそのような構えを持って、クライエントとの面接に臨みます。そのようなカウンセラーのカウンセリングはどうしても知的な作業となりがちです。もちろん、そうしたカウンセラーも、知的には「情動が大切だ」ということをよく理解しています。でも、「情動が大切だ」ということを知的に理解していることと、実際に面接の中で**情動を喚起すること**とはまったく別のことなのです。

私も根がまじめな人間です。若い頃の私の面接にはそのような傾向が色濃かったと思います。自己理解や自己洞察といった言葉は、どうしても知的なニュアンスを伴うので、カウンセリングをそのような言葉を中心に据えて考えることには、カウンセリングを知的なものにしてしまう危険性があると思います。

また、カウンセリングをこのように捉えると、カウンセラーは、クライエントに何かを気づかせようと努力するようになりがちです。たとえば、クライエントが怒りの体験をしていながら、それを遠ざけて気づきの外に追いやっているとカウンセラーが感じた場合、カウンセラーはクライエントに「あなたは怒りを感じているようです。でもその怒りをできるだけ感じないよう遠ざけておこうとしているようですね」などと伝えるかもしれません。こう言うとき、カウンセラーは、クライエントが自分の怒りに気づくことが必要だと考えているのです。

確かに、潜在的に怒りを体験していながら、その怒りを意識的には感じないよう避けている状態は、好ましい状態とは言えません。怒りがあるなら、ありのままに怒りを体験できるという状態が健康的でしょう。

ただ、ここで注意を喚起しておきたいことは、「怒りをありのままに体験すること」と、「自分の中には怒りがあると知的に理解すること」とは、まったく別のことだということです。

情動の重要性を単に知的に理解しているカウンセラーがクライエントに怒りに気づかせようと努力するとき、その働きかけが目指しているのは、どちらかと言うと、クライエントがありのままに怒りを体験することではなく、「怒りを抱いている」と知的に理解して認めることの方になりがちなのではないでしょうか。

はっきり言いましょう。カウンセラーが「あなたは怒りを感じているようですね」と言ったときに、クライエントが「そうです」と認めるか、「そんなことはありません」と否定するかということは、実はほとんど**どうでもいい問題**なのです。それよりも、カウンセラーがそう言ったとき、クライエントの中に怒りの**体験**が少しでも**呼び覚まされたかどうか**、クライエントがその怒りの**体験**に少しでも**ありのままに触れることができたかどうか**、ということの方がずっと重要なのです。

ただし、「理解する」とか「気づく」とかいう言葉で表されているものが、ありのままに体験しながら、「ああ自分の中にはこんな気持ちがあったんだ」と知的にも自覚することを指しているのなら、事実上、両者はほとんど同じプロセスを指していることになります。そしてそれこそが古典的に「情動を伴う洞察」と呼ばれてきたものなのだと思います。

現在の私の考えでは「情動を伴う洞察」という概念は、カウンセリングを導く上であまり適切な概念だとは思えません。むしろこの概念における情動と洞察の地位を逆転させて、「**洞察を伴う情動体験**」と言った方がまだしもというところでしょう。もっと言えば、洞察の方は別になくても構わないものなのかもしれないのです。カウンセリングは、まず第一に、**体験的なもの、情動に触れるもの**だからです。

そうは言っても、もちろん、何かに「気づく」ことは、たとえ情動を伴わなくとも、直接的・間接的にありのままの体験を促進する役に立つことは大いにありえます。そのことを否定するつもりはありません。

たとえば、あるクライエントが、自分がとても忙しく働いているのは、少しでもひまがあると、自分の人生に意味があるのかどうかということを考えて怖くなってしまうからだと気づいたとしましょう。このような気づきには、徐々に忙しさをゆるめ、ひまを作って、自分が生きている意味を真剣に考える体験に接触するのを助ける可能性があります。しかし、それはあくまで可能性であって、このような気づきが必ずそのような結果をもたらすという保証はありません。多くの場合、人は、そのような気づきを持ちながらも、相変わらず忙しく働き続ける道を歩み続けるものです。この気づきを、遠ざけられていた体験に十分に接触できるよう役立てるためには、通常、さらなる助けが必要なのです。*

「気づき」は、知的な認識ではなく、ただ体験に注意を向けること、という意味で用いられることもあります。「気づき」が、「ありのままの体験にただ注意を向けること」という意味で用いられるのなら、本書で私が提示しようとしているカウンセリングは気づきをとても重視していると言えます。

ただし、単に気づけば何でもいいというのではありません。気づきの**質**が非常に重要です。

知的な理解を体験的な理解に

知的には正しいと納得できるけれども、距離が感じられるようなよそよそしい考えには、変化をもたらすパワーが宿っていません。そうした考えを、心からそう思える自分の考え、血の通った自分の一部だと言えるものにしていく仕事が必要なのです。そのためには、情動を伴う体験的な学習のプロセスが必要です。知的な理解は時間をかけずに成立しえますが、それを血の通った自分自身の考えにしていくには時間をかけた体験的な学習のプロセスが必要なのです。知的な理解は机の上でできますが、それを自分自身の考えにしてくには、生活の中で実際に新しい行動、新しい考え方、新しい感情の体験を積み重ねる必要があります。通常、決して容易ではないそのプロセスをともに計画し、促進し、支えることもカウンセラーの重要な仕事です。

つまり、**穏やかに気づくこと、価値判断なしに気づくこと、優しいまなざしで気づくこと**、が重要なのです。厳しく気づく、自己否定感をもって気づく、冷たいまなざしで気づくことは、たとえそれが同じものに注意を向ける行為であったとしても、まったく助けになりません。

このことはとても重要なことなので、これから本書のあちこちで触れることになるでしょう。

✤ありのままを受け容れる心構え

心の中にある体験をありのままに体験する。怖いものを怖いままに体験する。ただし、怖さに溺れないで、落ち着いて、穏やかに体験に注意を向ける。そのようなやり方で、遠ざけられている体験に触れていけるよう、クライエントを導くことを目指します。

九州大学の田嶌誠一先生は、体験に対するこのような注意の向け方を「受容的探索的構え」と呼びました（田嶌、二〇〇三）。後に、田嶌先生は、この同じ構えを、あるクライエントの表現を借りて「少なくとも逃げ腰でない構え」と言い直しました。いずれの呼び方にせよ、それが意味しているのは、怖さを呼び起こすものに対して、少なくとも逃げ腰でない構えでよく見つめていく、じっくりと触れていくということです。

この構えは、リラクセーションのための技法である自律訓練法*で言う、「受動的注意集中」ともよく似ています。ただ感じられるものをありのままに感じる。自分の望む感じを感じようと努力するのではなく、ただそこにある感じをありのままに感じる。こういう感じがあってはイヤだとか、こういう感じがあって欲しいとかいう思いを手放して、イヤな感じであれ好ましい感じであれ、そこにある感じをただありのままに感じる。穏やかに、優しいまなざしで見つめていく。

自律訓練法
ドイツ人のシュルツによって一九三二年に提唱されたリラクセーションの方法。「気持ちが落ち着いている」「両手両足が重い」「両手両足が温かい」などの自己暗示を系統的に用いることでリラックス状態を導くトレーニングです。心理的な緊張や不安を緩めるだけでなく、自律神経系のバランスを回復することにより、ストレス性の身体症状にも効果があるということで、心療内科でもよく用いられています。

「体験そのもの」が問題なのではなく、「体験と主体との関係」が問題なのです。カウンセリングでは、クライエントが、自らの抱える困難な体験とどのように関わっているかに注目し、その関係の取り方が窮屈で逃げ腰なものから、穏やかで受容的なものへと変わっていくように援助することを目指します。

「体験の回避」という言葉があります。アクセプタンス・コミットメント・セラピーを提唱したヘイズは、多くのクライエントの問題には、体験の回避が関わっていると考えています（ヘイズとスミス、二〇〇五）。怒りの体験を恐れて回避する。喪失の体験を恐れて回避する。不安の体験を恐れて回避する。傷つきの体験を恐れて回避する。体験を恐れて回避することから、多くの複雑で困難な問題が生じてきます。

こうした体験の回避のもとにある情動的体験そのものは、何ら悪いものではありません。怒りも、恐れも、不安も、恥も、罪悪感も、喪失の悲嘆も、それら自体としては決して有害なものではありません。それらの体験を恐れて避けようとすることから問題が生じるのです。

近代的な心理療法の世界において、このような認識を最初にはっきりと示したのは、日本人の森田正馬*でした。森田は、不安そのものは何ら有害なものではなく、ただ人生の一部なのであると考えました。不安を避けることは人生を避けること。逆に言えば、不安を体験するということは、生きているということに他ならない。それを避けようとすることから害が生じるのです。

森田は、不安が生じても、それをありのままに、そのままにしておいて、ただ自分のなすべきことをするという道を歩むよう、クライエントに説きました。

森田のこうした考え方の基礎には、仏教の影響があると思います。そして近年、欧米の心理療法の世界には、仏教の影響がまた新しい形で入ってきました。「マインドフルネス」という概念がそれです。マインドフルネスとは、単純に説明しがたい概念ですが、あえてひとことで

森田正馬と森田療法
森田正馬（もりたまさたけ）（一八七四〜一九三八）は、大正時代（一九二〇年ごろ）に独自の考えに基づく心理療法を提案しました。それが、現在、森田療法と呼ばれている日本生まれの心理療法です。多くの心理療法は不安の緩和を目指していますが、森田療法は、不安を避けるのではなく、不安を人生の自然な一部分として受け容れることを勧める点でユニークな特徴を持っています。森田療法は、クライエントに、ありのままに不安を起こしながらも、なすべきことに取り組むことを通して、不安を克服していくことを勧めます。

言うなら、「今この瞬間の体験に、何らの価値判断をもすることなしに意図的に注意を向けること」です。

受容的探索的構え、少なくとも逃げ腰でない構え、受動的注意集中、あるがまま、マインドフルネス……。心の援助に重要な貢献をしてきたさまざまな先達たちが、それぞれ独立に、同じような態度を表す言葉を提示してきました。言い方はどうあれ、カウンセリングにおいて、こうした態度を養っていくことはとても重要なのです。

以上述べてきたことを別の言葉で言い換えると、カウンセリングというものは、クライエントがますますありのままの自分の体験に穏やかな注意を向けていけるようになるプロセスを促進することだと言えるでしょう。

誤解されやすいことですが、「ありのままの自分の体験に気づく」ということは、「押さえ込まれていた衝動を解放する」とか、「そのまま行動に移す」とかいうようなことでは決してありません。単に衝動を解放したり、行動化したりするときには、むしろ注意の働きは失われています。

また、これは単に知的にのみ認識することとも違います。

自分をしっかり持って、遠ざけられていた衝動や感情や思考にオープンでありながら、それらに支配されたり、それらの言いなりになったりするわけではない、そういう構えの確立を目指すのです。

これと関連して、カウンセリングにおいてクライエントが変化したとき、クライエント自身が主観的にそれをどう体験しているのかについて、しばしば耳にするコメントに触れておきましょう。その体験には顕著な特徴があるのです。

カウンセリングによって変化したとき、クライエントは、以前には自分の中に無かった新しいものが自分に付け加わったという感じよりも、むしろ、以前からあったはずだけれどもなぜかないことになっていた自分の部分に温かな血が通うようになったような感じ、より十分に古くからの自分自身、ありのままの自分自身になれたという感じを報告することが多いのです。

もちろんカウンセリングの中で新しいものが修得されることもあります。でも、どちらかというとカウンセリングの本質的な面は、まったく新しいものを修得することにあるというよりは、クライエントの中にすでにあるものとの接触を妨害しているものを取り除き、それとの接触を回復することにあるように私には思えます。

✤全身の身体表現を用いる

では、カウンセラーは、クライエントの体験を促進するために、どのような方法を用いるのでしょうか。

もちろん、言葉です。けれども、言葉だけではありません。声、姿勢、視線、身振りなど、あらゆる身体的表現を用いてコミュニケートしていきます。

その中でも、もっとも重要なのは**声**です。

カウンセリングを実践する上においていかに声が重要であるかは、いくら強調しても強調しすぎることはないと思います。これは、クライエントの声についても、カウンセラーの声についても言えますが、ここでは特にカウンセラーの声について取り上げます。

カウンセリングにおける声の重要性を早くから指摘した重要人物として精神分析の対人関係学派の重鎮であるハリー・スタック・サリヴァン*を挙げることができるでしょう。サリヴァンは、「精神医学的面接とはなによりもまず音声的コミュニケーションの問題である。コミュニケーションとはなによりもまず言語的だという思い込みはきわめて重大な誤りではなかろうか。

ハリー・スタック・サリヴァンと精神分析の対人関係学派

サリヴァン(一八九二～一九四九)は、アメリカ人のカリスマ的精神分析家で、エーリッヒ・フロムやカレン・ホーナイらとともに、対人関係学派という精神分析の一学派を確立した人物です。臨床に徹した人で、まとまった書物は一冊も著していません。現在出版されているサリヴァンの本はすべて講義録を編集したものです。薬物治療のない時代に、統合失調症の患者さんの治療において素晴らしい好成績を上げたという伝説が残されています。

述べられた命題文の本当のところが何であるかをおしえるのは、言語にともなう音である」（一九五四）と述べました。

カウンセリングにおいては、「何を言うか」もさることながら、それを「どのような声で言うか」が決定的に重要なのです。しかしながら現在のカウンセリング論においては、一般に、「何を言うか」ばかりが強調されすぎていて、「どのような声で言うか」に対する注目が不当なまでに小さいように思われます。

たとえば、カウンセリングの事例研究において、クライエントに対してカウンセラーが与えたコメントが内容的に適切であったかどうかについては多くの論考を目にしますが、カウンセラーがそのコメントを与えたときの声が効果的であったかどうかについては、ほとんど議論されることがないように見えます。

けれども、文字にすればまったく同じコメントも、どんな声で言うかによってその効果はまったく違ったものになるのです。緊張した声、平板な声、うわずった声、高くキンキンした声、乾いた声、落ち着いた声、深く豊かな声、甘い声、艶のある声、ゆるんだ声、などなど。

それは、同じ脚本を用いても、つまり、まったく同じセリフを用いても、それを演じる役者の声や姿勢や視線や間合いの取り方などの身体表現のありようによって、とても魅力的な芝居にも、まるでつまらない芝居にもなりうるのと同じことです。

声には、言葉の内容以上に、クライエントに対するカウンセラーの気持ちがより端的に表れます。カウンセラーがクライエントに批判的な気持ちを持っているのか、温かい気持ちを持っているのか、距離を感じているのか、恐れを感じているのか、などなどが直接的に表れます。ですから、カウンセラーは自分の声にもっと繊細な注意を払う必要があります。声のピッチ、リズム、テンポ、間、音色、抑揚などに対する感受性を高める必要があります。さらには、声を抜きにして、カウンセラーの言葉の内容だけを議論することの危険性についても、もっとよく理解する必要があります。そしてそうした理解を、声だけでなく、姿勢、視線、身振りなどにまで広げていく必要があります。

つまり、カウンセリングとは、単に言語的なものではなく、非常に身体的なものなのです。カウンセリングは、単に頭を用いて行う知的・論理的で問題解決的な言語活動ではなく、**全身を用いて行う身体的コミュニケーションのアート**なのです。

✤前提としての援助的人間関係

以上、カウンセラーがカウンセリングの経過の中で目指すもっとも基本的に重要な目標は「面接の今ここでクライエントのありのままの体験を促進する」ことだと述べてきました。しかし、それは必ずしもいきなりできることではありません。また、どのような援助的な働きかけにしても、それらが実を結ぶためには、それなりの土壌が必要です。やせたカチカチの地面に種を蒔いても、芽は出ないのです。

その土壌となるのが、**信頼感や安心感のある人間関係**です。つまり、他のあらゆる働きかけに先行して、援助的な人間関係が形成されていることが必要なのです。その意味では、援助的な人間関係の形成と維持こそが、カウンセリングにおいて最も重要な要因だと言うこともできるでしょう。

実際、どのような立場のカウンセリングやセラピーであっても、それが成功したカウンセリングやセラピーであるならば、クライエントに何が助けになったかを尋ねてみると、必ずと言っていいほど、カウンセラーとの信頼感や安心感のある温かな人間関係がまっさきに挙げられるのです。カウンセラーやセラピストの側は、自分の信奉している理論に基づいた介入が効果を発揮したのだと信じている場合でも、クライエントの側からはカウンセラーが穏やかに真剣に話を聴いてくれたこと、カウンセラーから一人の人間として尊重されたこと、カウンセラーの温かくフランクな人柄、といったことが、効果を上げた要因として挙げられることが多いのです。カウンセラーが言葉としては一言も励ましていなくても、一言も承認していなくても、クライエントは励まされたと感じ、認められたと感じ、それが助けになったと感じているのです。そのような感じが伝わるような人間関係があることは、カウンセリングの成功にとって基本的に非常に重要なことなのです。

このことに最初に注目したのは、来談者中心療法の創始者である、あのカール・ロジャース*です。ロジャースは、「カウンセラーがどのような技術を用いて働きかけるにせよ、カウンセラーとクライエントの人間関係がどのようなものであるかこそが、その援助の成果を左右するもっとも決定的な要因である」という考えを示しました。ロジャースがそのような考えを提示して以来、現在に至るまで、多くの研究がなされてきましたが、この考えは基本的に支持されてきました。

カウンセリングを行うには、理論的な理解と技法の修得が必要です。しかし、いくら難しい理論を詳細に理解していたとしても、いくら多種多様な技法を修得していたとしても、それらだけでは何の役にも立たないのです。その理論を用いている人、その技法を用いている人が、どんな人で、クライエントにどんな願いを持ち、クライエントとどんな関係を持っているのか、そういうことが決定的に重要なのです。

カール・ロジャースと来談者中心療法

ロジャース(一九〇二～一九八七)は、アメリカの心理学者で、来談者中心療法を提唱した、カウンセリング界の重要人物です。彼が活躍した二〇世紀半ば、カウンセリング界の圧倒的主流は精神分析でした。ロジャースもはじめは精神分析にもとづく実践を行っていましたが、次第に精神分析に対して批判的な立場を取るようになりました。カウンセラーが受容的で共感的で、なおかつ防衛的でない態度でクライエントに接しており、それがクライエントにも伝わる人間関係が二人の間に築かれるなら、クライエントは自らの内なる成長力を発揮して気づきを深めていく、というのが彼の考えの骨子です。

✤カウンセラーの「癖」と個性

一般にカウンセラーは、クライエントの価値観や自己決定を尊重し、クライエントに自分の価値観を押しつけたり、クライエントがどう生きるべきか指示したりしてはならない、とされています。これはカウンセラーの「中立性」と呼ばれるものです。カウンセリングはいわゆる「お説教」ではありませんし、いわゆる「人生相談」でもありませんから、これは確かに適切な教えなのです。

けれども、カウンセリングを学び始めた人の中には、こうした伝統的な教えを表面的にのみ理解して、カウンセラーはクライエントに何の願いも持たず、どうなって欲しいという期待も抱かず、クライエントがどんな選択をしようと何の意見も感想も持たないようにならないといけない、と考えている人がしばしば見受けられます。こういう人は、カウンセラーは無色透明の空気のような存在になりきらねばならないと考えています。面接室の中で、クライエントは個性を輝かせていいけれども、カウンセラーは自分の個人的存在を押し殺し、消し去るべきだと考えているのです。

カウンセリングを学ぶ上で、このような誤解ほど悲しいものはありません。

こう述べたからといって、何も私は、カウンセラーは自由気ままに人生経験を語ったり、個人的な意見に基づくアドバイスをしたり、お説教をしたりするべきだと示唆しているわけではまったくありません。私は、そのようなものをカウンセラーの個性の表出だとは考えません。

演出家でフェルデンクライス・メソッド*の指導者である安井武さんの言葉づかいに習って、私はそうしたものをカウンセラーの「癖」と呼んでみたいと思います。こうした問題を考えるに当たって、次の安井さんの言葉はとても示唆的です。

フェルデンクライス・メソッド
フェルデンクライス・メソッドは、ロシア出身で、一流の物理学者にして柔道の黒帯保持者、モーシェ・フェルデンクライス（一九〇四〜一九八四）が開発した、身体的な気づきのセラピーです。小さな力で無理なく身体を動かしながら身体への気づきを深めていく。そうして身体的な機能に改善をもたらしながら、身体面のみならず人格面をも含めた全人的な変化をもたらすことを目指します。

癖と個性をとり違えて、癖で勝負する例は小劇場演技だけでなく、新劇的演技の中にもかずかず見受けられます。癖と個性は別物であり、癖を軽減することなしには個性は輝くことができません。癖はゆがんだ自然であり、不自然なもののことだとも言えます。ゆがんだ自然を正し、自然を再発見することで、はじめてその人の自然、すなわち個性が姿を現すことになります（安井武、一九九二）。

カウンセラーが「癖」を抑えようとするあまり、個性まで抑えてしまうならば、カウンセリングは土台から崩壊します。カウンセラーはカウンセリングにおいて、個性をオープンにして、生き生きと反応できる状態である必要があります。「癖」を個性と取り違えて「癖」を垂れ流し的に放出するカウンセラーと話をするのは辟易する体験でしょうが、やはり「癖」を個性と取り違えて個性まで抑えてしまうカウンセラーに話すのはとても空しい体験となるでしょう。

カウンセラーが癖を取り除き、ありのままの個性を再発見していくにつれ、カウンセラーはますます幅広いクライエントに深く共感することができるようになり、共感できないときにも生き生きとその共感できない感じを体験し、カウンセリングに活かすことができるようになるでしょう。そしてそのことによって、クライエントとの間に、安心感と信頼感のある温かい関係を築いていくことができるのです。

第1章まとめ

本章では「カウンセリングとは何か」という問いに取り組んできました。本書においては、カウンセリングとは以下のようなものだと考えます。

□カウンセリングは単に知的なものではなく、非常に体験的なものだ。
□カウンセラーは、クライエントが不安ゆえに避けている体験をじっくり体験できるよう援助する。
□大事なのは、クライエントに、認めがたい情動が心中に存在することを知的に認識させることではなく、実際にクライエントの心中にその情動を喚起し、体験してもらい、体験しても大丈夫だと感じてもらうことである。
□カウンセラーは、クライエントがその体験に価値判断を伴わない穏やかな注意を向け続けられるよう援助する。
□援助の過程で、カウンセラーは全身の身体表現を用いてクライエントとコミュニケートする。
□援助の過程で、カウンセラーは自らの個性を用いてクライエントと関わる。
□以上のような援助が功を奏するために前提として、クライエントとの信頼関係が重要である。
□以上のようなカウンセリングの定義に固く縛られてはいけない。目の前のクライエントをよく見て、柔軟かつ創造的に関わることが大事だ。

文献

- ヘイズS・C&スミスS（二〇〇五）『〈あなた〉の人生をはじめるためのワークブック：「こころ」との新しいつきあい方　アクセプタンス&コミットメント』（武藤崇ほか訳、二〇〇八）ブレーン出版
- サリヴァンH・S（一九五四）『精神医学的面接』（中井久夫ほか訳、一九八六）みすず書房
- 田嶌誠一編（二〇〇三）『臨床心理学全書9　臨床心理面接技法2』誠信書房
- 安井武（一九九一）「俳優のレッスンについて(1)」テアトロNo.581、三六〜四一頁、カモミール

第2章 カウンセラーの聴き方

✤聴くことの重要性

カウンセリングとは何かをひと言で表すよう求められるとき、「カウンセリングとは、クライエントの話を聴くことです」と表現されることがよくあります。また、カウンセリングに批判的な立場の人たちから、「カウンセリングは聞くだけでしょう」とか「聞くだけのカウンセリングだったら要りません」とか言われることもよくあります。カウンセラーの間からも、「聴くだけのカウンセリングではダメだ」といった批判の声が挙がることもよくあります。

これらの言葉は、カウンセリングの伝統において、クライエントの話を聴くことがいかに大切にされてきたかを示すものだと言えるでしょう。

私自身は、大きく言えば、カウンセリングはただ話を聴くだけではないと考える立場をとっています。どちらかと言えば、「話を聴くだけではダメだ」と考える立場です。多くの場合、クライエントの話を聴くことに加えて、クライエントをクライエント自身のそれとはちょっと違う視点から理解して、その理解を伝えたり、クライエントが避けている体験にオープンに触れられるよう方向づけたり、クライエントに実用的な知識を与えたり、新しいスキルの練習を

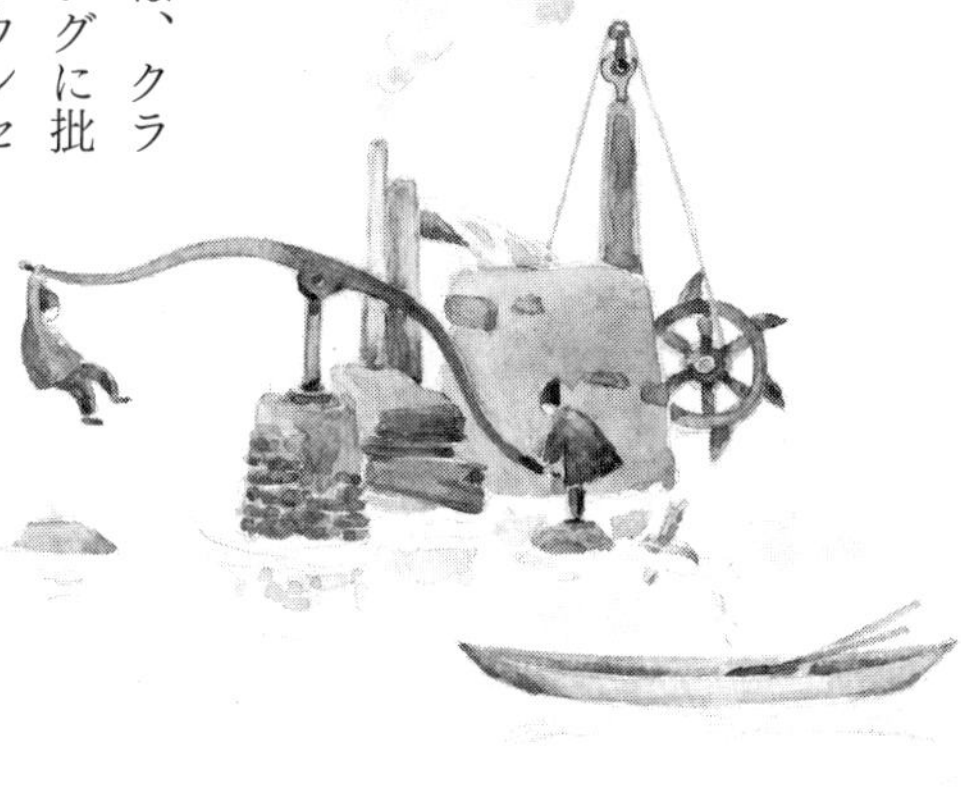

指導したり、宿題を出したり、などなどが必要だと考えています。にもかかわらず、私は、聴くことは非常に重要だと考えています。「聴くだけではダメだ」ということは、聴くことは大事でないという意味では決してありません。

クライエントの話をよく聴くことができていない人が、聴くだけのカウンセリングではダメだと批判していることがありますが、そのような批判をするのは、まずよく聴けるようになってからにしては、と思います。

本当に偉大なカウンセラーは、ほとんど聴いているだけのように見える関わりの中で相当な仕事をしているものです。また、聴くだけではダメだと言っても、聴く以外のカウンセラーの関わりは、聴く仕事を土台としたその上でこそ十分な効果を発揮するのだということを忘れてはいけません。

✤聴くことの難しさ

ある教育大学に勤める熱心な先生から聴いた話です。あるとき、教育実習から帰ってきた学生が、自分は教師には向いていないから大学をやめたいと言い出したのだそうです。教育実習はこの学生にとって挫折の経験となってしまい、教師になる自信をなくしてしまったというのです。その先生は、学生の話を聞いて、「そんなふうに思う必要はない」「はじめから上手にやれないといけないわけじゃない」などと言って励まし、説得しましたが、結局、先生の働きかけも空しく、その学生は大学を退学してしまったということでした。

その先生にとって、この学生が辞めてしまったことはとてもショックな出来事でした。何とかできなかったのかという悔しい思いから、この先生は、この話を披露してくれたのです。

カウンセラーとしての視点からすると、この先生が学生からこの話を打ち明けられたときに、まず必要だったことは、彼の挫折の体験をありのままに聴くことだったのではないかと思われます。「この学生本人にとっての挫折の体験」をありのままに聴くのです。それが先生からどう見えるかではなく、**学生本人にとってどんな体験だったのか**ということに興味を抱いて聴きます。それを、何らの判断も評価も下さずに、聴いていくのです。たとえ学生の語る思いが、先生の視点から見て「そんなふうに思う必要はない」と思えるような思いだったとしても、学生が「こう思った」ということを「そう思ったんだね」と、**ただそのままに聴いていく**のです。そして、「それはつらかったね」と一緒にそのつらさを共有するのです。

この学生がまず第一に求めているのは、この体験を誰かと共有すること、シェアすることであって、それを評価されること、判断されることではなかったと思います。野球の審判には、投げられたボールがストライクかボールか、いちいち判定することが期待されていますが、悩みの相談を聞く人には、語られた思いが適切な思いか不適切な思いか、いちいち判定することが期待されているわけではないのです。

もちろん、十分に体験を共有した上で、「でも、だから辞めるという考えはせっかちすぎるように思えるけどなあ」といった先生なりの判断を伝えることは、この学生にとってじっくりと落ち着いて自分の体験を捉え直す助けになるかもしれません。しかしそれは、十分に体験を共有した上でのことです。同じ言葉でも、つらい体験を十分に共有してもらった後でその人から言われるのと、十分に共有される前に言われるのとでは、まったく違った効果を持つのです。

その先生は、学生の挫折体験を学生がそれを体験したままに、そのままにありのままに聴くことができませんでした。おそらく、それを危険なこと、怖いことと思ったのでしょう。そんなふうに聴いていくと、学生の挫折を認めることになってしまう、そうなると挫折感をいっそう強めることになってしまう、と不安になったのではないかと思います。

でもそれでは、結局、「挫折体験というものは、正面から見つめるには怖すぎるものであり、そんなことは避けた方がよいのだ」というメッセージをその学生に伝えることになってしまいます。挫折体験を、ありのままに、感じたままに、悔し涙を流しながら語るといったことが十分にできたなら、この学生はこの挫折体験を貴重な成長の機会にすることができたかもしれません。

ただありのままに聴くという行為には、話し手にとってのひどい挫折体験を貴重な成長の機会へと変容させるだけの力があるのです。

✤カウンセラーの聴き方

クライエントの話を聴くと単純に言っていますが、カウンセラーの話の聴き方には、それなりの専門的特徴があります。

人生相談、法律相談、金融相談、健康相談、お肌の相談、世の中には人から相談を受ける仕事は多々ありますが、どんな相談にせよ、相談の仕事に携わる人であれば誰でも、相手の話を、一生懸命、聴くでしょう。こうした人たちも世間では「○○カウンセラー」と呼ばれたりしていますし、その相談活動も「○○カウンセリング」と呼ばれたりしていますが、実はこれらの人たちの聴き方と、心理援助に携わるカウンセラーの聴き方との間には、重要な違いがあります。どこが違うのでしょうか。

(1) ありのままをただ聴く

まず第一に、カウンセラーは、クライエントの体験を細やかにありのままに、そのままに聴いて受けとめようとする、ということが言えるでしょう。クライエントの話の背後に流れる体験の流れを感じ取ろうと意図しながら、リラックスして、自分の心に生じることを生じるがままにし、ただ感受するのです。クライエントが、何かについて、どのように考え、どのような感覚や感情を感じ、どのように振る舞っているのか。そうした話に耳を傾けつつ、クライエントの表情、声のトーン、視線、姿勢、身振りなどなどに注意を向け、それらすべてを通して、今ここにおけるクライエントのありようを感じていきます。

他の領域における多くの聴き手は、一般に、クライエントの話を一生懸命に聴くとは言っても、クライエントの体験をそのまま感じようとするよりは、クライエントから聴いた話を自分なりの枠組みで分析し、そこに認められる問題に対する打開策や改善策を提案することを目指して聴いています。こうした聴き手は、クライエントの話を聴きながら頭の中で忙しく分析作業をし、打開策を出すために必要な情報は何かを判断し、次に質問することを考えているのです。あるいは、自分は相談を受ける者として、次に何を言ったらいいだろうか、何を言って返せば面目が立つだろうか、などと心配しながら聴いているのです。ことよると、クライエントの話を聴きながら、どのように反論して説得してやろうか、などと考えていることさえあるでしょう。このような聴き手は、相手の体験をそのまま、ありのままに、できるだけ生き生きとリアルに感じ、追体験したいなどとは思っていないと言わざるをえません。むしろ、どうやって自分の考えを相手に理解させてやろうかと考えながら、虎視眈々と反論の機会をうかがっているとさえ言えるでしょう。

このような聴き方においては、クライエントの話を聴きながら、それに対して何かをしようという構えがあります。聴き手の中にクライエントの話を受け取りながら何か反応しようとする構えがあります。つまり、ただありのままに受け取ることにもっぱら心を尽くすのではなく、聴きながら反応しようとするという構えがあるのです。

これとは対照的に、カウンセラーが話を聴くときの最も典型的な聴き方においては、カウンセラーは、クライエントの体験に集中し、それを追体験しようという意図をもって、文字通り、ただ聴くだけ、ただありのままに受け取るだけです。そのときに自分の中に生じてくるさまざまな感覚、体感、思い、感情、考えなどなどを生じるがままにし、心をオープンに自由にしておきながら、同時にまた、それらにとらわれたり溺れたりせず、ただ気づきながらそのままにしておく。

もちろん、面接の間中、ずっとそうしているわけでもありません。そうした聴き方のモードで得たことを、自分の中で考えたり、分析したり、判断したりして、クライエントの状況や心の動きについての理解を組み立て、関わりの方針を立てていくこともあります。その際には、自分の理解を確かめるために、カウンセラーの視点から質問を発することもあります。けれども、そうはいっても、カウンセリングにおける最も典型的で、特徴的で、重要な聴き方は、**ただありのままを聴く**という聴き方にあるのです。

ただ聴くだけというのは、簡単なように見えて、実は非常に難しい。スポーツや音楽演奏のような、内容的に興味深く、引き込まれやすく、熱中しやすい複雑なパフォーマンスでは、うまくいくとただプレイしている状態、つまりノリノリの状態、我を忘れて集中する没頭状態がもたらされやすい。社会学者のチクセントミハイが「フロー」と呼んだ状態です。スポーツや音楽で、パフォーマーがプレイと完全に一体となった状態、ただプレイだけがあるという状態、時間が止まり、自分がプレイしているという自意識さえ消失し、完全に集中した状態。

スポーツや音楽と違って、話を聴くというような、とてもシンプルな日常的行為に没頭するのは、易しいようでいて、逆に、とても難しいことなのです。

禅や茶道などでは「一意専心」という言葉がよく使われます。こうした伝統においては、ただ座るとか、ただお茶を点てるとかいった単純な行為に心を尽くして専念することが、非常に高度な精神性を要求する奥深い営みだということが認識されてきました。それと同じことがカウンセリングにも言えます。カウンセリングには「聴く禅」とでも言えるような要素が色濃く含まれていると私は考えているのです。

クライエントの話をありのままに聴き取るという聴き方は、伝統的に「クライエントを受容する」という言葉で表現されてきたことを別の表現で述べたものに過ぎません。しかしながら、「受容」という言葉は、非常に適切な言葉であるにもかかわらず、かなり幅広い意味に受け取られる余地を残した言葉であるために、今ではとても陳腐で混乱を招く表現になってしまいました。人によっては、受容という言葉を、ただ話の内容を肯定するとか、反論しないとかいった意味で用いていることもあります。私がここで述べてきたことは、そういうこととはまったく違った次元に属することだということを理解していただきたいと思います。

(2) がんばらないで聴く

ただ聴くだけ、ありのままに受け取るだけ。これを別の言い方で表現すると、**がんばらないで聴く**ということにもなります。

「相手の話をよく聞きましょう」といったことは、世間一般においてもよく言われることです。しかし、世間一般において「相手の話をよく聞く」というのは、相手の話の内容をよく理解しようと、頭を使い、注意集中に努めつつ、相手が話しやすいようにことさらに一生懸命あいづちを打ったり、話の内容をもとに話し手を褒めたり、こちらが興味を抱いていることを示すために話の内容についてがんばって質問する、といったことであることが多いようです。このような話の聴き方は、頭を働かせながら「努力してがんばってやる」モードの聴き方です。

カウンセラーの典型的な聴き方は、これとはかなり違います。それは努力しない聴き方です。

とても集中して聴きますが、がんばって聴くのとは違います。力みなく、心を自由にして、ただ聴くのです。頭を使うというよりは、全身で感じながら聴きます。考えるモードではなく、感じるモードで聴きます。

これと関連して、ときどき、駆け出しのカウンセラーから「がんばって共感しました」という発言を耳にすることがあります。言わんとしていることのニュアンスは理解できますが、本質的に言って共感は努力してするものではありません。共感はただ心の中に自然にわいてくるものです。

「がんばって共感しました」という人が伝えようとしていることを、私なりに好意的に解釈すれば、「自分の心の中の、クライエントに反発する部分に支配されないようにしっかりと自分を保ち、クライエントに共感する部分とのつながりを維持し続けるように努力しました」ということなのだと思います。そういうことなら、カウンセラーとして、ありうることだと思いますし、適切なことだと思います。

もしそういうことではなくて、本当にがんばって共感したというのなら、実のところそれは共感ではありません。努力してできるのは、共感しているふりだけです。（こう言ったからと言って、共感しているふりも、場合によっては大切であることを否定しているわけではありません。）

(3) 体験を聴く

また別の角度から見ると、こうした聴き方は、クライエントが自らの内的な体験に目を向け、それをじっくりと探究するモードに入っていくよう助ける聴き方だとも言えます。聴くこと自体によってクライエントの体験探索を促進しようとする聴き方です。

聴くことによって情報を集め、その情報の分析をもとに聴き手が何か課題を指示し、その課題によってクライエントの体験探索を促進するという話ではありません。もちろん、カウンセリングの中でそういうことをすることもありますが、ここで言っているのはそういうことではなく、聴くという行為そのものの中でクライエントの体験探索を促進するということです。

カウンセラーは、クライエントの内的体験に焦点を当てて聴こうとします。そこにカウンセラーの聴き方の大きな特徴があります。けれども、多くの初心のカウンセラーは、クライエントの悩みを聴いて、事実関係や現実状況の把握に努めようと努力しがちです。

実際には、クライエントの内的な体験に焦点を当てることと、事実関係や現実状況に焦点を当てることとは、そうはっきりとは切り離せないことです。純粋にどちらかだけをするということはできないものです。しかしながら、やはりそのバランスということがあると思います。カウンセラーの聴き方は、世間一般の悩み相談の会話と比べると、クライエントの内的な体験に焦点を当てる度合いが格段に高い聴き方だと言えるでしょう。カウンセリングが心理学の一分野とされているのは、それが人の心の働きに注目するものだからです。けれども、多くの初心カウンセラーは、クライエントの内的体験にほとんど注意を向けることなく、事実関係や現実状況にばかり注目してしまいます。そのために面接が深まらないのです。事実関係ばかりを訊かれると、クライエントは取り調べを受けているように感じます。そうした面接からはあまり満足感を得られないものです。

みなさんが、自分自身、よく話を聴いてもらったと感じた体験を思い起こしてみて下さい。それは、外的な事実関係をよく把握してもらったときというよりは、自分の心の中にある気持ちを十分に語ることができたとき、そしてそれをよく受けとめてもらったとき、理解してもらったときではなかったでしょうか。もしかすると、聴き手がきちんと受けとめてくれたか、理解してくれたかといったことは、さほど重要ではなかったかもしれません。話を聴いてもらう中で、あらためて自分の心の内を見つめていく。そして、自分のもやもやした気持ちを語るうちに、いつしか自分の気持ちがひとりでに動きだし、自分でも予想していなかったほど強い感情が出てきたり、思わず力強く語っていたり、それまで思っていたのとは違う気持ちに、突然、気づいたりする。そういうことが起こったときではなかったでしょうか。

カウンセラーがよく理解しようがしまいが、そんなことにはお構いなしに、クライエントは、自分の心のうちをよく見つめ、思いの丈をしっかりと語ることができれば、元気になっていくのです。もちろん、そういうことが起こるためには、カウンセラーがクライエントをよく受けとめ、よく理解することが必要なことが実際には多いです。しかし極論すれば、クライエントの体験こそが問題なのであって、カウンセラーがそれを受けとめるかどうか、理解するかどうか、といったことは二の次なのです。

例を挙げて説明してみましょう。たとえば、クライエントが、高齢で一人暮らししている母親について話しているとします。「母はだんだん弱ってきていて、一人での生活がだんだん難しくなってきたみたいなんです。それで、最近、よく母に会いに行くようになったんですけど、会うのがつらいんです」。そのとき、カウンセラーは、母親がいくつであるかとか、いつから一人暮らしをしているのかとか、介護が必要な状態なのかどうかとか、そういう現実状況よりも、まずはクライエントが「つらい」と形容している体験の中身に注目します。現実状況について一切関心を持たないということではありません。現実状況についての質問を一切しないということでもありません。しかし、バランスとして、**クライエントの体験への関心**に大きな比重を置いて話を聴くのです。

そして、たとえば「あなたがつらいと感じるとき、心にどんな思いがありますか」などと尋ねていきます。* クライエントは「小さいとき、私は母からたくさんひどいことをされたんです。なぜか、最近、そういうことを思い出してしまうんです。そうすると苦しくて、腹が立ってきて、年老いて弱った母親に優しくできず、それがつらいんです」と言うかもしれません。

内的体験への気づきを深めるような問いかけ

とりわけクライエントが自分自身でもよく気づいていないような心の動き、意図的にしているわけではない心の動きを探索していきます。クライエント自身、気づかないうちにひとりでに起こってくる心の動き、反射的かつ自動的に生じる心の動きを探索することが重要です。「つらいと感じるとき、あなたは何を思っているのですか」と訊くのではなく、「つらいと感じるとき、心にどんな思いがありますか」と訊いているのはそういうわけです。

カウンセラーは共感しなければならないというわけで、クライエントが「年老いた母親に会うのがつらいんです」と言っただけの段階で、「それはつらいですよね。弱っていく親の姿を見るのは子どもにとってつらいものですよね」などと、クライエントの「つらい体験」の中身を自分勝手に決めつけて「共感的な」コメントをする人がしばしばいます。そういうカウンセラーは、人の内的な体験がいかに他者には計り知れないものでありうるかということを、まるでよく理解していないと言わざるをえない。そうでなければこのようなコメントをすることはありえないからです。このコメントによってこのカウンセラーは、自分の理解のなさをクライエントに知らせてしまったのです。そんなカウンセラーに話をしながら、自分の内的な体験を自由に探究する気になるでしょうか。

人がその心の中で何を体験しているのかは、本当に計り知れないのです。だからこそ、カウンセラーは、そこに関心を向けて、注意深く探索するように聴いていくのです。

(4) 無知の姿勢で聴く

だから、カウンセラーは**無知の姿勢**で聴きます（ディヤングとバーグ、一九九八）。クライエントの心の中の体験は、クライエントにしか分からない。クライエントだけが知りうること、感じうることなのです。同じ場面に居合わせて、同じものを見て、同じものを聞いても、人の体験はそれぞれにとても違います。そしてそれは、その人だけにしか知りようのない私的な世界の出来事なのです。

たとえば、クライエントが「学校に行ってないんです」と言ったとき、「それは大変ですね」と言うカウンセラーがいます。本人は共感的な対応をしているつもりなのです。カウンセラーは共感するものだというわけで、教わったことをまじめに実行しようとしてこう言っているのです。しかし、クライエントが「学校に行っていない」という事実をどのように体験しているのかは、カウンセラーには分からないことです。「学校に行っていない」ことに関して、「大変だ」という体験があるのかどうかは、この言葉だけではカウンセラーには分かりません。だからそのようにあらかじめ決めつけてしまわず、無知の姿勢で話を聴くのです。たとえば、「そのことをどう感じているのですか」と訊いてみます。

このように無知の姿勢で話を聴いていくと、本当に驚くような話が出てくることがしばしばあります。カウンセラーの側の「こういう出来事があったら、きっとこういう体験があるんだろうな」という予想を完全に裏切るような体験が語られることがしばしばあるのです。学校に行っていないのなら大変だろうな。友達がいなかったら淋しいだろうな。人から褒められたら嬉しいだろうな。そんなありきたりな予想は、クライエントの話を無知の姿勢で聴くようになれば、しょっちゅう裏切られるものだと分かるでしょう。

無知の姿勢で、がんばらないで、体験に焦点を当てて、ありのままにただ聴く。このような聴き方で話を聴いてもらうと、話し手は自然に自分の内面に目を向け、心の中に流れているありのままの体験をじっくりと観察し、味わうようなモード（体験探索モード）に入りやすくなります。

逆に言うと、このような聴き方で話を聴いてもらうと、話し手は、事情の説明をしたり、過去の生い立ちを説明したりといったモード（説明モード）の語りから離れていきやすいのです。こうした聴き方は、クライエントが自分の中にある微妙な感じに触れていくことを促進します。「体験探索モードでの語り」では、意識の背景や周辺にあって普段はほとんど気づかれないできた考えが自覚されたり、忘れていた記憶がふとよみがえってきたり、といったことが起こりやすくなります。

もちろん、カウンセラーがクライエントに何らかの事実関係の説明を求めることはありますし、いくらカウンセラーがこれまでに述べてきたような聴き方をしても、クライエントに「体験探索モードの語り」が生じてこないこともあります。にもかかわらず、やはりこうした聴き方は、カウンセリングに最も特徴的な聴き方であり、カウンセラーが基本的に依拠している聴き方だと言えます。

(5) 声を聴く、態度や様子を聴く

カウンセラーは、クライエントの話の内容を聴くと同時に、クライエントの声を聴きます。そして内容によって伝わる言語的・概念的な情報と、声によって伝わる情報との関係に注意を向けます。

声によって伝わる情報は、しばしば、その声に乗って伝えられている言語的・概念的な情報についてのクライエントの思いや判断を伝えています。

たとえば、あるクライエントが「しんどいんです」と言うとき。その声は確かにしんどそうな感じを伝えています。しかしカウンセラーがその声をよく聴いていくと、そこにはただしんどい感じだけでなく、もっと別の感じも微妙に加わっているのに気づきます。そこには、何か自分を責めているような感じがあり、痛々しい響きがあるのです。そこでカウンセラーはこう言います。「あなたはしんどいのですね。そしてしんどいと感じている自分をダメな自分だと感じて、責めているようですね。みんなはちゃんとやれているじゃないか。どうして自分はこれぐらいでしんどいと感じているのだろう。しんどいと感じている自分はダメな自分じゃないかと」。クライエントは大きくうなずいて、涙をこぼしました。

あるクライエントは、先輩との難しい人間関係のエピソードを次のように話しました。「ある先輩がすごい形相で私のところにやって来て、『あなた、私の言ったことを全然聞いてないじゃないの！　私を無視してるでしょう！』と言ってきたんです。それで私は、『無視なんてしてません！』と言い返したんです。そんなふうに言い返したのは初めてのことです」。カウ

ンセラーはそう話すクライエントの声に、喜びと肯定感を聴き取りました。そして次のように言いました。「そのように言い返せた自分を誇らしく感じているようですね。それはあなたにとって、一つの達成なのですね」。

声によって伝わる情報は、しばしば、その声に乗って伝えられている言語的・概念的な情報と矛盾した思いを伝えています。

あるクライエントは、子ども時代を振り返りながら、父親が養育者としていかにひどかったかをかなり抽象的な言葉で話し、「父親が憎い。殴ってやりたい。今ここに居たら殴ってやるところです」などと言います。けれども、そう言うクライエントの声には、燃えたぎるような憎しみの炎も、身体じゅうにノルアドレナリンが駆け巡っているような興奮感も、ほとんど感じられません。そこでカウンセラーは言いました。「あなたはお父さんがすごく憎いんですね。でも、不思議なことに、あなたの話を聴いていてもなぜかそれほど激しい怒りがびんびんと伝わってはこないんです」。クライエントは、しばらくの沈黙の後、静かにこう言いました。「近頃、時々ふと父をあわれに思ってしまうんです。でもそんな気持ちに気を許しちゃいけない、父を憎まなくちゃいけないと自分に言い聞かせているんです。あの人は確かに憎まれてしかるべきことを僕たちにしてきたんですからね」。

話しているときのクライエントの態度や様子は、しばしば、そのとき話されている内容と関連する重要な思いを伝えています。

たとえば、あるクライエントは彼氏とのもめ事について、くどいほど子細に説明しながら、彼がいかに自分にひどい仕打ちをしてきたのかを強調して話していました。そしてしばしば「ひどいと思いませんか」とカウンセラーの同意を求めてきました。カウンセラーは、クライエントの話を聴いていても素直に同情する気持ちになれず、クライエントの話の内容にもあまり興味が湧いてこない自分に気づいていました。むしろカウンセラーは、クライエントが話すときの、そのくどくどとした話しぶりに印象づけられていました。そこでカウンセラーはこう言いました。「彼氏がいかにひどいかということの説明をとても細かく、執拗なまでに詳しく、すごいエネルギーをかけてされますね」。するとクライエントはこう言ったのです。「ちゃんと分かって欲しいんです。彼がひどいことをしたんだってことを。悪いのは彼なんです。私は悪くないんです。私は悪くない。……悪くないですよね。……そう思いませんか」。カウンセラーはこう言います。「そのことに自信が持てないんですね」。クライエントはこう言います。「はい。……私が悪いんでしょうか」。その声は、それまでとは打って変わって、不安げな声なのでした。

クライエントの話の内容だけに注意を向けていてはいけません。声や表情、視線、姿勢、態度、話しぶりなどに注意を向け、そうしたチャンネルを通して伝えられるメッセージを受け取るように聴きます。

(6) 問題を解消しようとせず、問題を味わうように聴く

カウンセリング初心者の大半は、クライエントが悩みを話し始めたその最初の瞬間から、心の中で解決に向けて、次に何を言うべきかと一生懸命に考えています。その結果、たとえば「それは考えすぎじゃないでしょうか」などと評価や判断を伝えたり、「お父さんは何て言ってるんですか」などと質問をして情報を集めようとしたりすることが多いのです。

評価や判断を伝えたり質問をしたりすることがいけないというわけではありません。ただ、ほんのちょっと悩みを聞いただけで、即座にその問題を何とか解決しようとがんばる姿勢がよろしくないと言いたいのです。というのも、カウンセラーがクライエントの問題を聞いて即座にそれを何とか緩和しようと懸命に努力するとき、それは暗に、「問題は怖いものであり避けるべきものである」というメッセージを伝える行為となってしまうからです。

カウンセリングにおいて、カウンセラーは、クライエントに、不安なこと、怖いことをじっくりと探索してもらおうとします。不安なこと、怖いことを即座に反射的に避けようとせず、不安なこと、怖いことともにしばしとどまり、少なくとも逃げ腰でない構えでそちらに目を向けてもらおうとします。つまり、問題に目を向けてじっくりとよく見つめる姿勢を促進しようとするのです。

そのためにはまず、カウンセラーがそのお手本となる必要があります。

カウンセラーは、クライエントが問題を語ったときに、まずは、そのありのままの問題の中に十分にとどまろうとすることが大切です。その問題に、その問題のままで、じっくりと身を浸してみること。その問題をありのままに堪能すること。その問題のテイスト、感触、雰囲気をじっくりと味わうこと。

カウンセリングにおいてクライエントが語る話は、通常、何か不安な体験、重苦しい体験、しんどい体験を中心にしたものですから、そのテイストは苦く、感触はざらざらと不快で、雰囲気は暗く不気味かもしれません。しかしなお、その苦味やざらざら感や不気味感を堪能することが大切です。それもクライエントの人生のかけがえのない大切な体験なのです。楽しいこと、嬉しいこと、愉快なこと、心地よいこと、などの肯定的な感情だけでは、人生は豊かになりません。つらいこと、苦しいこと、恥ずかしいこと、落ち込むこと、悲しいこと、などの否定的な感情がただありのままに体験されることは、とても大事なことなのです。わざわざそれに溺れる必要はありませんが、避けずにいることはとても助けになります。

カウンセラーは、クライエントの問題を聴きながら、反射的に即座に解決しようとする姿勢を見せず、穏やかに落ち着いた態度を示します。そのことによって、カウンセラーは、問題の中に落ち着いて身を置くということのモデルを示すのです。

(7) 優しく穏やかに聴く

カウンセリングとは何かを一言で表すよう求められたとき、よく出会う答えのひとつが「クライエントの話を聴くこと」というものだということを前に述べました。もうひとつ別の、やはりよく出会う答えに「クライエントに心の真実を気づかせること」というものがあります。カウンセラーの仕事はクライエントに何かを気づかせることだという考えは、多くのカウンセラーが信奉しているとてもポピュラーな考えだと思います。

確かに、カウンセリングをしていて、クライエントに何かに気づいて欲しいと思うことはよくありますし、成長的な変化の過程でクライエントが何かに気づいていくこともよくあります。ですので、この答えは、必ずしも間違ったものではありません。ですが、ここで注意しておきたいのは、カウンセリングとはクライエントに何かを気づかせることだと考えるカウンセラーは、その考えに基づいて、クライエントに余計なプレッシャーをかける危険性が高いのではないか、ということです。

カウンセラーがクライエントに気づかせたいと思う「心の真実」は、もしそれが的を射たものであるなら、クライエントにとっては理由があって見ないようにされている「心の真実」です。ですから、カウンセラーがそれに気づかせようとストレートな努力をするとき、その努力はクライエントにとっては迫害的なものとして体験されやすいのです。

カウンセラーの側がそこで「気づかせよう気づかせよう」と直線的に努力すればするほど、クライエントの側には怖さの体験が生じて、「やめてやめて」という反応が生じてきます。そんな状況下では気づきは逆に起こりにくくなります。

ここで、たとえとして、身体ほぐしのストレッチのことを考えてみましょう。

たとえば、ハムストリングスと呼ばれる脚部の裏側の大きな筋肉群が硬い人がいるとしましょう。膝を伸ばして座ったときに、上体を前にかがめることが難しい人です。あなたは援助者として、この人に、前屈のストレッチをしてもらって、ハムストリングスの柔軟性を高めてもらいたいと思います。

そのときに、その人が痛がるのもお構いなしに、後ろからぎゅうぎゅう背中を押して、前屈させたとしたらどうでしょう。

その結果、仮にその人のハムストリングスの柔軟性が高まったとしても、その人は、あなたに感謝することはないでしょう。しかしそれはまあ些末な問題かもしれません。成熟した援助者は相手に感謝を求めたりしないものですからね。より本質的に重要なことは、その人は、それ以後、自分自身でストレッチを続けていこうとは思わないだろうということです。これはとても大きな問題です。

世の中には、できるだけ速く結果をもたらすことが最重要であるような問題もあります。けれども、速く結果をもたらすことよりも、その結果をもたらす方法を自分のものとして身につけることの方がはるかに重要である場合もあります。ストレッチで柔軟性を高めることなどはそうでしょう。カウンセリングに寄せられる問題の多くもそうなのです。

ストレッチの方法を自分のものとして身につけてもらうためには、援助者は相手の痛みを無視するのではなく、そこに関心を向け、その痛みをシェアすることが必要です。その人が伸ばされた筋肉の痛みに穏やかな注意を向け、その痛みをじっくりと感受できるよう援助します。その人に、自分の感じているのが耐え難いまでの苦痛なのか、それとも、痛いけれども受け容れられる範囲の痛みなのかをじっくり繊細に感じ取ってもらうことが大切です。援助者はそうした相手の感じを聴きながら、相手の背中を押す力を調節するのです。

援助者が相手の痛みにお構いなしに大きな力で背中をぎゅうぎゅう押せば、相手はむしろ反射的に背中を押す力に抵抗するよう努力してしまいます。

ストレッチ中の、そしてストレッチ後の自分の身体の感覚に繊細な気づきを向け、ストレッチが気持ちいい感覚をもたらし、自分の健康を高めるということを体験的・実感的に理解した人は、主体的・積極的にストレッチに取り組むようになります。援助者が「積極的に取り組みましょう」などと言う必要はないのです。自分から「もう少し強く押して下さい」とか、「それはちょっときつすぎます」などと言ってくれるようになるはずです。援助者がいない場面でも、機会をみつけて自分でストレッチをするようになるかもしれません。

同様に、カウンセリングでも、クライエントがそれを認めることは苦痛なことだと感じているような内容に触れるとき、カウンセラーは「あなたは本当はこんな感情を感じているのでしょう」「あなたはこういうふうにして〇〇と向き合うことを避けているのでしょう」「いいかげんそのことに気づいたらどうですか」などと厳しい口調で言って、ぐいぐい押す必要はないのです。

こんなふうにはっきり口に出して冷たく言い放つカウンセラーは現実には少ないかもしれません。けれども、はっきりと口に出しては言わないものの、カウンセラーが心の中で「気づけよ～」と思いながら、遠慮がちな言葉で遠回しにクライエントに何かに気づかせようと努力していることは、よくあるように見受けられます。そのようなカウンセラーの力みは、微妙な形でクライエントに伝わるものです。

クライエントの心理的な防衛*を緩めることと、身体のこわばりを緩めることとは、とてもよく似ていると思います。これは同じひとつの現象の二つの側面なのかもしれません。実際、初期の精神分析家のウィルヘルム・ライヒなどはそのように考えました。現在でも多くの論者がそうした考えを発展させています。

それはともかく、身体のこわばりの場合も、心の自己防衛の場合も、相手に「やめて～」と思わせるほどの痛みを感じさせてまで、ぎゅうぎゅうやる必要はないのです。むしろそれは逆効果なのです。

防衛
防衛または防衛機制は、もともとは精神分析用語で、不安をかき立てるような考え、願望、空想、記憶などがそのまま素直に体験されて不安をかき立ててしまうのを阻止するために、自我がほぼ反射的・自動的に行う心理的な仕事を意味しています。そうした思いを意識しないよう注意の範囲の外へ追いやる（抑圧）、そうした思いから感情を切り離して単に知的に扱う（知性化）、そんな思いは存在しないということを証明するために反対の思いがあることにする（反動形成）などなど、さまざまな種類のものがあります。

何かに気づくことそれ自体に治療的な意味があるわけではないのです。気づいた結果、クライエントが「自分は何て嫌な人間なんだろう」と厳しく自己非難するのであれば、そんな気づきには何の意味もありません。むしろそれは有害な気づきです。クライエントはその気づきの結果、自尊心を下げるでしょう。それは、カウンセラーによって不必要にもたらされた有害効果だと言えます。

気づくことに価値があるのではなく、**優しいまなざしを向けて気づくこと、穏やかに気づくこと**に価値があるのです。冷たく厳しく非難がましいまなざしで気づいても、だめなんです。

気づきの結果、クライエントが「自分は何て嫌な人間なんだろう」と思ったとしても、そのような嫌な自分に対する温かな慈しみをもって、微笑みながらそう思うのであれば、それは価値ある気づきです。そのときクライエントは、悲哀の涙を浮かべているかもしれません。その涙は、絶望の涙でも、無念の涙でもなく、温かな慈悲の涙です。その嫌な自分に対する共感の涙と言ってもいいでしょう。そのようなやり方で気づくことが大切なのです。

カウンセラーは、クライエントの自己防衛を緩めようとぎゅうぎゅう力をかけてがんばってはいけません。そっと優しく触れるだけでいいのです。穏やかで優しいまなざしでクライエントの話を聴きます。落ち着いた、価値判断抜きの態度で聴きます。そしてクライエントに見て取ったことを力みなく伝えます。力みが入らないと言えないようなことは、言わない方がいいのです。ただありのままを、見えたままになぞるように描写するというのがいいのです。クライエントに何かを気づかせようとするのではなく、ただ見えたままをありのままに描写し、クライエントと一緒にそれを見ようとするだけです。*

急いで結果を求めず、プロセスを大事にし、痛みはできるだけ小さく、そっと優しく行う方が効果が高いのです。身体のことでも、心のことでも同じです。ストレッチでも、カウンセリングでも、同じです。筋肉でも、心理的な自己防衛でも、いずれにせよ援助者は力んで緩めよ

ありのままを受容することと変化を促すこと

カウンセリングにおいては、クライエントのありのままを受容することと、クライエントに変化をもたらすことという二つの課題を両立させ、ともに実現していくことが必要です。この二つの課題は一見すると正反対の課題のように見えますが、実は、複雑にからみあった一つの課題なのです。カウンセラーがカウンセリングのプロセスのこうした複雑な機微を無視して、いずれか一方の役割に単純に立脚してしまうと、そのプロセスは妨げられます。つまり、カウンセラーが変化を促進する役割を完全に放棄してしまうことも、クライエントをすぐに思い通りに変化させようと力むことも、いずれもカウンセリングのプロセスを妨げてしまうのです。

うとしない方がいいのです。ただそっと穏やかに触れるだけでいいのです。抵抗に出会っても、それを打破しようとはしないで、抵抗をなぞるように描き出すだけがいいのです。

痛みは気づきを妨げやすいものです。注意を向けて、それに注意をとどめ、その感覚をよく感受する、じっくりと味わうように感受する。そういったことを促進したいのなら、力ずくでぎゅうぎゅうやるのは逆効果です。

(8) 即座に慰めずに聴く、「目覚めさせる体験」を目指して聴く

カウンセラーは、クライエントのつらい体験、苦しい体験、恥ずかしい体験などを聴いても、すぐには慰めません。これも、普通の会話における普通の聴き方と、カウンセラーの聴き方との目立った違いの一つでしょう。

慰めたい心そのものがだめだと言うのではありません。真に痛々しい体験をしたクライエントがそれを率直に話しているのなら、そこで慰めたい気持ちが湧いてこないカウンセラーよりも、慰めたい気持ちが自然に湧いてくるカウンセラーの方が、間違いなくいいカウンセラーだと思います。

ただ、痛々しい体験を聴いて、駆り立てられるように即座に慰めを与えるとき、それは誰の気持ちを楽にする行為なのか、ということが問題です。それは、クライエントを楽にするための行為なのか、それとも、カウンセラー自身が楽になるための行為なのか、ということです。さらに言えば、クライエントがそれでそのとき少しは楽になったとしても、そのようにして楽になることが永続的で本質的な助けになるのか、ということが問題です。

ちなみに、カウンセリングの教育や訓練においては、慰めてはいけない、励ましてはいけない、評価してはいけない、指示してはいけない、保護してはいけない、などなどと教えられることが多いと思います。この「〜してはいけない」という消極的で禁止的な指導は、基本的に

あまり効果的ではないと思います。「～してはいけない」と言うのなら、それと同時に「～することを目指す」という積極的な目標を示すことが必要です。そうでなければ、学習者はどこに向かって足を踏み出せばいいのか分からず、ただその場で立ちすくむだけになってしまいます。

それでは、カウンセラーは慰める代わりに何をすればよいのでしょうか。

ここで、「目覚めさせる体験」(awakening experience)という言葉を紹介したいと思います。この言葉は、実存的心理療法家*のアーヴィン・ヤーロムが用いている言葉です(Yalom, 2008)。人はしばしば、死を深く見つめざるをえないような体験を経た後、それまでの生き方を根本から見直し、大きな成長的変化を遂げます。人生の時間が有限であることを深く自覚するとき、人はそれまでの怠惰で利己的な生き方をあらため、かけがえのないこの人生のひとときひとときを大切にして精一杯生きるように、自分と同じくはかない存在であるあらゆる生き物や人間をいとおしんで生きるように、成長を遂げるのです。このとき、この変化の契機となった、死を深く見つめさせるような体験のことを、ヤーロムは「目覚めさせる体験」と呼んだのです。

私は、この「目覚めさせる体験」をもう少し広い意味で用いたいと思います。死を見つめざるをえないような体験に限らず、つらい体験ではあるけれども真実の体験であって、それを真摯に受けとめ、そこから目をそらさずにその現実をありのままに受けとめることが、大きな成長の契機となりうるような、そのような体験を「目覚めさせる体験」と呼びたいと思います。

挫折の体験、喪失の体験、傷つきの体験、恥ずかしい体験、さまざまなつらい体験は、ただ避けられ、取り除かれ、ふたをして追い払われ、忘れられた方がよい体験なのでしょうか。もちろん、そもそも起こらなければよかった、未然に防げるものなら防いだ方が絶対にいいと言える、つらい出来事は不幸にして世の中にたくさんあります。しかし、その人のその人生にすでに生じてしまったその出来事の体験は、消し去られた方がよい体験なのでしょうか。消し去

実存的心理療法
実存的心理療法は、ニーチェ、キルケゴール、ハイデッガー、サルトルといった実存哲学の影響を受けた心理療法です。実存的心理療法においては、人間に与えられた基本的条件がもたらす根源的な苦しみを避けようとすることからさまざまな心の問題が生じてくると考えられています。実存的心理療法家は、クライエントの呈している問題の中に、死の不安、孤独の怖れ、自由と選択の怖れ、人生の意味への疑惑といった実存的なテーマを見いだし、それについてクライエントと率直に対話して、ともに探究していく姿勢を示します。

るのが最善の体験なのでしょうか。

ヤーロムの本の中に、有能で成功した会社社長である女性のカウンセリングが紹介されています。その女性は父親にひどく虐待されて育ちました。彼女はカウンセリングの中で自問します。ＳＦ映画に出てくるような、特定の記憶を完全に消し去る装置があるとして、あなたの父親の記憶をすべて消し去ってあげようと言われたら、自分はどうするだろうかと。父親の記憶をすべて完全に消し去ることができるという想像上のアイデアに接して、彼女の心には、最初、喜ばしい歓迎の気持ちが湧いてきました。けれども、しばらくすると、これは難しい選択だという思いが湧いてきたのです。結局、彼女は、この申し出を断り、父親の記憶をひとつも消さない選択をします。彼女はヤーロムに次のように言ったそうです。「父親からひどい虐待を受けてきたにもかかわらず、私は人生において成功してきました。それは私が、成長過程で、たくましく立ち直る力や、機転を利かせて対処できる力を身につけてきたからです。それは、あんな父親だったにもかかわらず、なのでしょうか。それとも、あんな父親だったからでしょうか」。

教育実習に行って、うまくいかず、挫折体験をした学生が、そうした話をし始めるや、「そんなことは気にする必要はないよ」「誰でも最初からうまくはできないんだから、深刻に考えることはないよ」「僕もそんなことがあったなあ。でもこうしてやっているんだ。君もきっと大丈夫だよ」などと即座に慰める。それは、その体験を追い払うことに他なりません。

どのような挫折の体験があったのか、そのつらい体験に学生が目を向け続けるのを支えながら聴いていくことで、学生はその挫折体験から多くを学ぶことができるかもしれません。その体験を追い払うのではなく、しっかりと**体験し尽くす**ことを通して、その学生は自分に何が不足しており、どうやってそれを補っていけばいいのかを理解する道が拓けます。

つまり、慰めないことがカウンセリングの目標なのではなく、その挫折体験を「目覚めさせる体験」にまで高めることがカウンセリングの目標なのです。

クライエントがつらい体験を語るとき、これを「目覚めさせる体験」にまで高めようと思うカウンセラーは、ただそちらに向かって歩んでいこうとするのであって、慰めないようにしようなどとはまったく思っていません。「目覚めさせる体験」という山に登ろうと思うのであって、他の山に登らないようにしようなどとは思っていません。そんなことは思う必要もないのです。

富士山に登ろうと思っている人は、ただ富士山に登ろうと思うだけであって、穂高岳に登らないようにしよう、大雪山に登らないようにしよう、比叡山に登らないようにしようなどとは考えないでしょう。それに、あれやこれやの山々に登らないようにしようという考えを一つ一つ忠実に守ったところで、直ちに富士山に登れるというものでもないのです。消極的目標だけを追求していると、天文学的なレベルで遠回りすることになってしまうでしょう。

誤解のないように付け加えておきますが、即座に慰めないで聴くということは、つらい体験をした人が助けを求めてやってきたときに、それを突き放した冷ややかな態度で眺めておけというこことではありません。つらい体験を見つめ、率直に語るというのは、とても大変な仕事です。サポートなしにはできにくい仕事です。だからこそカウンセラーの助けが求められているのです。

第2章まとめ

本章においては、主にカウンセリングにおけるカウンセラーの聴き方について考えました。カウンセラーは、クライエントの話を、以下のような特徴をもった特別な聴き方で聴くのです。

- ▫クライエントの言ったことに対して即座に解決しようとあせらず、落ち着いた態度でただ受けとめるように聴く。
- ▫優しく穏やかな注意を向けながら聴く。
- ▫話の内容だけにとらわれずに聴く。つまり、クライエントの声を聴き、態度やしぐさから伝わってくるものを感じながら聴く。
- ▫クライエントの言ったことを自分の憶測で簡単に分かったことにしてしまわず、無知の姿勢で聴く。
- ▫クライエントの挫折や失敗の体験を簡単に慰めず、それが「目覚めさせる体験」となることを目指して聴く。

文　献

- ディヤング P＆バーグ I・K（一九九八）『解決のための面接技法：ソリューション・フォーカスト・アプローチの手引き』（玉真慎子、住谷祐子監訳、一九九八）金剛出版
- Yalom ID (2008) Staring at the sun: Overcoming the terror of death. Jossey-Bass.

第3章　マインドフルに聴く

第1章において私は、カウンセリングにおいては「マインドフルネス」という言葉で表されるような態度を養うことが大切だと述べました。私は、カウンセラーにとって、マインドフルネスの概念を深く理解し、マインドフルネスのスキルを身につけていくことが、実践上、有用だと考えています。本書に述べられているカウンセリング実践についての考え方の重要な部分は、マインドフルネスと関連しています。

また、第2章において説明してきたカウンセラーに特徴的な聴き方を支えている心のモードは、基本的に、これから紹介するマインドフルネス瞑想の心のモードと同じものです。カウンセラーの特徴的な聴き方は、マインドフルな聴き方、マインドフル・リスニングと呼ぶこともできるでしょう。

それではこれからマインドフルネスについてより詳しく見ていくことにしましょう。

✤マインドフルネスとは

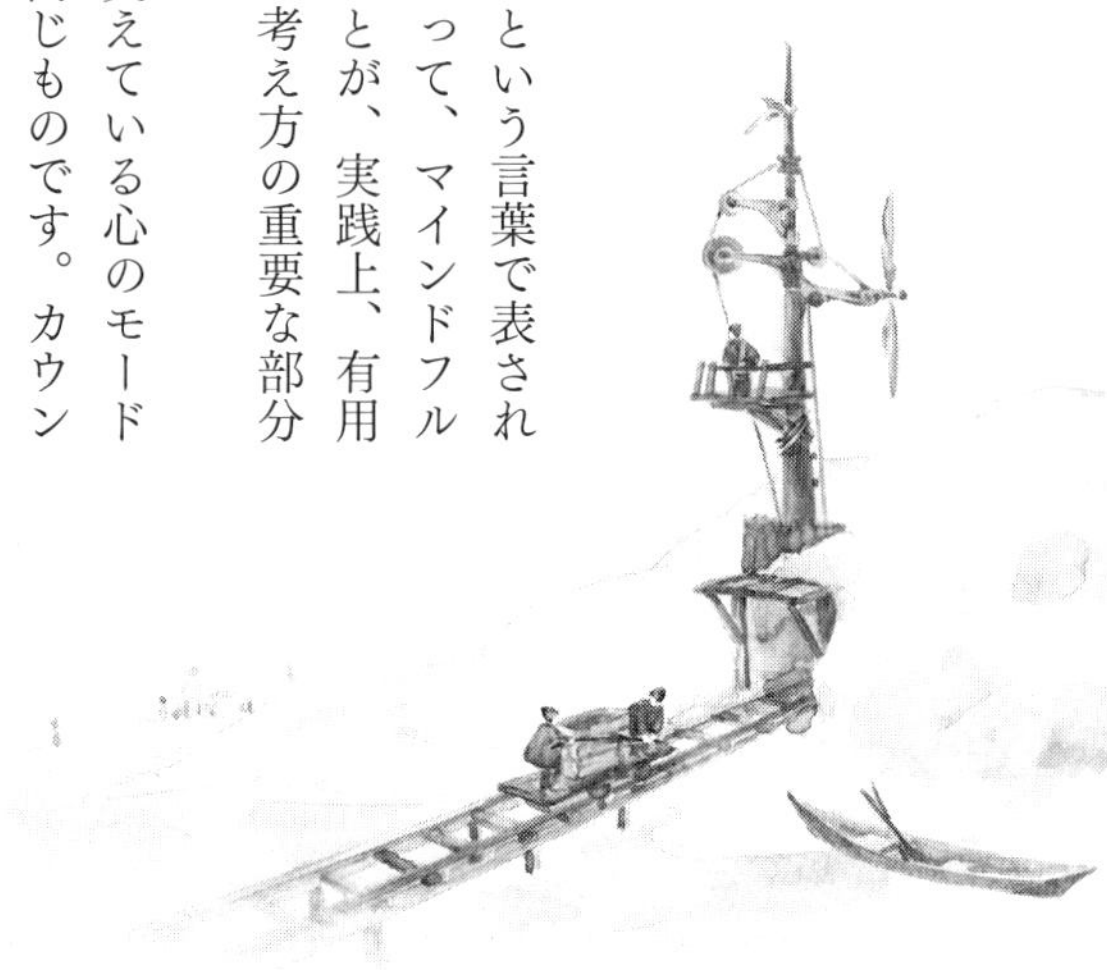

近年、心理療法やカウンセリングの世界で、マインドフルネスという言葉をよく聞くようになってきました。とりわけ「第三世代の行動療法」*と呼ばれる、最も現代的で科学的な装いの心理療法において、マインドフルネスという言葉が盛んに用いられるようになってきています。けれども、このマインドフルネスという考えは、もともと、私たち、日本人、アジア人にとっては、長い伝統をもって培われてきたものです。この概念は、禅仏教に由来するものなのです。禅仏教の中心的な考えが、その宗教的な色彩をそぎ落とされ、心理療法としての新たな息吹を与えられて、アメリカ経由で、今、日本に逆輸入されつつあるのです。

近年のマインドフルネスという概念の普及ぶりについては、ベトナム人僧侶でフランスを拠点に活動していたティク・ナット・ハンと、アメリカ人の瞑想指導者であるジョン・カバットジンの貢献が大きいように見受けられます。とりわけ心理療法の世界におけるマインドフルネスの概念の浸透に関しては、カバットジンの影響力によるところが大きいようです。

カバットジンは、おおよそ一九八〇年ごろ、伝統的な禅の瞑想から宗教的な要素を取り除き、現代的な心理学的ワークとして再編したものを、「マインドフルネス・ストレス低減法」という名前で提示しました。彼は、マサチューセッツ医科大学のストレス低減クリニックで、精力的にその方法を実践し始めました。マインドフルネス・ストレス低減法は、はじめは、慢性的な痛みや心身症の問題に適用されていましたが、その後、カバットジン自身ならびに他の研究者によって、不安、うつ、摂食障害、人格障害、などに幅広く適用されるようになっていきました。

前置きはここまでにして、ではマインドフルネスとは何なのか、その中身に入っていきましょう。カバットジンがマインドフルネスについて与えた代表的な説明をいくつか表に抜き書きしてみます（表3－1）。

表の記述を読んでいただければ分かるように、マインドフルネスは、とうてい単純な概念で

行動療法
多くの伝統的なカウンセリングや心理療法の学派は、相談の現場における優れた臨床家の思索の中から生まれてきました。しかし行動療法はそうではありません。行動療法は人文科学というよりも自然科学に属する系統の心理学から生まれてきました。行動療法の理論的出発点は、二〇世紀初頭における「条件づけ」についての動物実験（たとえばパブロフの犬）にあります。数あるカウンセリングや心理療法の学派の中でも、最もダイレクトに自然科学的で、客観性や実証性を重視する立場です。

はありません。とても多面的で一筋縄では捉えられない概念です。マインドフルネスは、アタマで理解するよりも、実際に実践してみながら体験的・体感的に理解を深めていくような種類のものなのです。

マインドフルネスは、たとえて言えば、複雑に多面的にカットされたダイヤモンドのようなものだとも言えます。少し違う角度から見てみれば違ったきらめきが見えてくるのです。上の記述は、それぞれ、その一つのきらめきを言葉にしたものだと言えます。

ですので、この概念をすぐにはよく理解できなくても、それは当たり前のことです。とにかく巻末付録に収められているエクササイズを実践してみましょう。そしてそれを根気強く続けてみて欲しいのです。そのことによって体験的に理解していくことが大事です。というより、それしかないのです。

✣何もしないことを学ぶ

マインドフルネスを体得していくため、数多くのさまざまなエクササイズが提案されています。その中でも最も中心に据えられているのは、「何もしないこと」を学ぶエクササイズです。別な言い方をすれば、「ただ存在する状態」を体現するエクササイズだとも言えます。マインドフルネスのこのエクササイズでは、あらゆる行為を停止し、何かを変えようとする気持ちをすべて手放して、ただ自分の置かれているありのままの状況とともにとどまり、その瞬間を生きるのです。

何もしないという課題は、とても単純なものですけれども、実はとても難しいものです。何らの努力も払わず、ただそこに存在するというのは、単純に考えれば楽なことのはずですが、

表3-1　マインドフルネスとは（カバットジン 1990,1994）

• 今この瞬間に、価値判断をすることなしに意図的に注意を向けること
• 今すでにそうあるものをただありのままに感じる、努力を伴わない活動
• 行為するモードから、存在するモードあるいは無為のモードへと移行すること
• 次の瞬間に今と違う何かが起こって欲しいと思う気持ちを放棄して、今ここに立ち止まること
• 自分の存在の核との親密さを開拓すること

実際にはそれはとても難しいのです。

これは、十分に力を抜いてリラックスすることが、力を入れることよりもずっと難しいのとよく似ています。力を入れるよりも抜く方が難しいということは、多くの人が体験的に知っていることでしょう。とりわけ、スポーツや楽器演奏に取り組んだことのある人は、よく知っているはずです。一流の選手や演奏家は、難しい動きを、さも簡単そうに、力みなく、優雅にプレイして見せます。凡庸な選手や演奏家は、不必要なところに力が入っていて、それがなかなか抜けないのです。スポーツや楽器演奏で重要なのは、必要な力を入れること以上に、不必要な力を抜くことにあります。

「漸進性筋弛緩法」という、筋肉を弛緩させるための方法を開発したジェイコブソンは、特定の筋肉を弛緩させようとするとき、まずその筋肉に力を入れるよう指示します。まず力を入れて数秒間維持し、その筋肉の状態に十分に気づきを向けて感じ取る。その上で力を入れるのをやめる。そしてその筋肉の状態に十分に気づきを向けて感じ取る。

力を抜こうと努力することは、逆効果です。まず力を入れ、そしてただその力を入れるのをやめる。そうして力が抜けていくのをただじっくりと感じるだけです。そのとき、力を抜こうと努力するわけではありません。

「自律訓練法」という、リラクセーションの方法を開発したシュルツもまた、たとえば腕の脱力を実現しようとするときに、腕の力を抜くように努力することを求めていません。その代わりに、「腕が重い」とか「腕が温かい」とかいった暗示の言葉*をただ心の中で繰り返し唱え、そうしながら腕の感じをただありのままに感じ取るよう求めています。努力せずに、ただありのままの感じを穏やかに静かにていねいに感じ取るのです。

力が抜けた状態を実現しようとするとき、まずは力が入っていることに気づくことが大事だとよく言われます。肩がパンパンに張っているのに、自覚のない人がいます。そういう人は、

暗示

たとえば、「前へならえ」の要領で両手を肩幅に開いて前に差し出します。そうして「両手が近づいていく」と心の中で繰り返し唱えてみましょう。そう繰り返し唱えながら、そのとき起こってくることを起こるがままに任せます。期待通りのことが起こっても、予想外のことが起こっても、いずれにせよ起こることを起こるがままに任せます。起こってくることを抑えようとしないで。また逆に、増幅しようともしないで。そういう心構えを持ちながら「両手が近づいていく」と繰り返し心の中で唱えていると、実際に両手がひとりでに近づいていくという現象が多くの人に生じます。このように、言葉の誘導によって反応を引き出す――それも、本人の意志ではなくひとりでに起こることとして引き出す。そのように意図された言葉の技術を暗示と呼びます。

まずは肩の感じに注意を向け、肩が凝っている感じを感じ、「肩が凝っているなぁ」と気づくことが、肩の力を抜くことへと向けた重要な一歩です。

心の中の行為についても、これと同じです。私たちは、知らず知らずのうちに何らかの努力をしてしまっていて、それに自覚がないということがあります。その努力をやめようとがんばることは役に立ちません。何もしない状態を実現する上で、何もしないでおこうとがんばることは逆効果なのです。そこがもっとも難しいところです。

それよりもむしろ、ただありのままを観察する、ありのままを感じることが有用です。「自分の心にこういう動きがあるなぁ」とただ気づく。「こういう感情があるなぁ」とただ感じる。「こういう考えが湧いてきたなぁ」とただ観察する。穏やかで静かで優しいまなざしをもって観察します。

一日のうち、数分であっても、何もしない時間を自覚的・意図的に持つことによって、そうしたほとんど無自覚で反射的な心の力みへの気づきを高めることができるでしょう。

このエクササイズに取り組むに当たって、何もしない状態が実現できればエクササイズが成功したと喜び、実現できなければ失敗したと悔しがる、というような必要はありません。もしそのようなことが生じているとすれば、それはその人がこのエクササイズにおいて何もしない状態を目指して**努力している**、**がんばっている**ということを意味しています。

何もしないことを意図してただ座る。その意図が実現すれば、それはそれで結構です。でも実現しなかったとしても、それはそれで結構なのです。

それでは、以上のような理解に基づいて、よければここで、巻末の付録にある「マインドフルネス瞑想のエクササイズ」をしてみてください。

✤ラディカル・アクセプタンス

マインドフルネス瞑想とは、ただ自分自身であること、今ここに立ち止まり、ありのままの自分を見つめること、ただそれだけです。自分は今と違った自分であるべきだとあせって何かすることを止め、世界は今とは違った世界であるべきだと力んで何かすることを止め、立ち止まって何もせずありのままの自分と世界を感じる。

これは、現在の自分と世界をありのままに受け容れること、認めることです。人によっては、許すことという表現がぴったりくると感じるかもしれません。あるいは、委ねることという表現がしっくりくるかもしれません。

受け容れる、認める、許す、委ねる、といった表現は、しばしば敗北主義的な意味合いで受け取られます。その背後には、受け容れず、認めず、許さないで、自分自身の力でもって全力で闘うことにこそ人生の価値があるという考え方が存在しています。

しかし、マインドフルネスは、ただ敗北主義的にあきらめ、未来に向けて変化を引き起こす努力をこの先まったく放棄してしまうこととは違います。マインドフルネスは、ただすでに今そうである現実を、このひととき、力まず、ありのままに感受するということです。反射的に動く前に、ひととき立ち止まるということです。

そもそも、そのように立ち止まって現実をありのままに認識することができないままで、それを変化させることなどできるものでしょうか。今ここの足下をじっくりと見ることをしないまま、未来の遠くの目標だけを見て走り続けて、その目標に到達できるものでしょうか。

一つ身近な例を挙げてみましょう。

誰でも、生活の中で、バスを待つことがあるでしょう。バスは電車と違って、道路交通事情の影響を受けますので、特に都会ではなかなか時間通りには来ないものです。

そのとき、首を長くして必死にバスを待つ人がいます。バスが早く来ないか来ないかとせわしなく心の中で考えながら、早く来い早く来いと念じながら待つのです。その人は、バスの来るはずの方向をしょっちゅう落ち着きなく確認し、何でまだ来ていないんだ、と心の中で怒って叫びます。バスが来ていない今を否定しながら時間を過ごします。

別の人は、バスが来ていないことをただありのままに認識し、そのことについて反射的に何かに駆り立てられることなくただ待ちます。バスが来ていないことにイライラしているならば、イライラしている自分に気づき、そういう自分を手放して、穏やかに呼吸して、今ここに戻ってきます。「あぁ、自分の中にイライラした感じがある」とありのままに気づき、穏やかに呼吸して、イライラした感じを手放します。イライラした感じに気づいて、それを穏やかに見つめている人は、もはやただイライラした人ではありません。そして、バスが来ていない今をただありのままに受け容れて過ごすのです。

後者の人は、マインドフルネスを実践している人です。この人もバスを待つのを止めたわけではありません。この人もバスを待っているのです。バスが来ていない現実をありのままに認めることは、もうバスなんて来ないでいいとあきらめることとは違います。

このような種類の受容の姿勢を、弁証法的行動療法のマーシャ・リネハンは、「ラディカル・アクセプタンス」と呼んでいます。日本語にすれば「徹底的な受容」です。味わい深い言葉だと思います。ちなみに、九州大学の田嶌誠一先生がしばしば用いる「健全なあきらめ」(たとえば田嶌、一九九一、二〇〇二)という言葉も、ここで述べているような受容ととてもよく似た姿勢を意味しているものと考えられます。

✤日常生活におけるインフォーマルな実践

さきほど、マインドフルネス瞑想の「何もしないで座る」エクササイズを紹介しました。これはマインドフルネスのフォーマルな実践の一つの形です。マインドフルネスは、フォーマルな形の実践だけに終わらせるべきものではありません。マインドフルネスは、生活の中に持ち込まれて実践されるためのものです。それを助けるために、さまざまなインフォーマルな実践が提案されています。

どんなことでもマインドフルに行うことはできます。けれども、比較的やりやすいインフォーマルな実践として、食べること、歩くこと、皿洗い、シャワーを浴びること、などが挙げられることが多いようです。食べる瞑想、歩く瞑想、皿洗い瞑想、シャワー瞑想と呼んでもいいです。

よく味わうこともなく、次の会議のことを考えながらランチを食べていることはありませんか。足の裏に感じる地面の感触や、ほほに触れる風の感触、空気のにおい、鳥のさえずりなどにまったく気づきを向けることもなく、次の会議ではイヤな相手にどうやって反論してやろうかと空想にふけりながら歩いていることはありませんか。手元の皿にはぼんやりとしか注意を向けず、子どもの成績を心配しながら皿を洗っていることはないでしょうか。肌に感じるシャワーのお湯の温かさや鼻に感じる湯気の湿り気などにはまったく注意を向けず、気がかりなことをぐるぐると考えながらシャワーを浴びていることは。

これらは、心ここにあらずと言われる状態です。ちなみに、うつ病の人がうつを導くような考えをぐるぐる考えるのも、不安の問題を抱える人が不安を導くような考えをぐるぐる考えるのも、こうした状態のときです。

マインドフルに食べ、マインドフルに歩き、マインドフルに皿を洗い、マインドフルにシャワーを浴びる。これらはとても重要な実践です。こうした実践は、重要なやり方で、あなたの生活の質を変えるでしょう。フォーマルな実践だけでなく、こうしたインフォーマルな実践が大切です。実践を生活の場に広げるのです。

たとえば、予想外の雨降りに見舞われ、どこかの軒先で雨宿りしているとしましょう。雨足は激しく、すぐにやみそうにもありません。ある人は、雨宿りの間中ずっとイライラした気分に支配され続け、雨を呪い、文句を言いながら、雨の中に駆け出していきます。走っている間も、ずっと不機嫌で、ぶつぶつ文句を言い続けます。「何で私ばかりいつもこんな目に遭わなくちゃいけないわけ」「どうして私は天気予報をちゃんと確認してこなかったんだろう」「私ってなんてバカなんだろう！」「私はいつも運が悪い」「こんなのひどすぎる」「もうイヤだ」などなど。

これとは対照的に、別の人は、雨に濡れることはやはり不快に思いますが、その現実をありのままに受け容れ、ただ雨に濡れる不快をありのままに感じながら雨の中を走って行きます。後者の人は、生活の中で、マインドフルネスを実践しているのです。

あなたがストレスを感じているとき、落ち着かないとき、憂うつな時、ていねいにお茶を淹れてみましょう。茶碗にそそがれたお茶の色を目で味わいます。茶碗から立ち上る湯気の温かさと湿り気を感じて、そしてゆっくりとその湯気の香りを味わい、一口、お茶を口に含んでその味を味わいます。渋さ、苦さ、甘さ、香ばしさ……。熱さ、温かさ……。ていねいに味わいます。そうして一服のお茶をゆっくりと味わって飲んでいる間に、さまざまな考えが浮かんだり、さまざまな感情が湧き起こってきたりするかもしれません。ふとそれにとらわれている自分に気がつくかもしれません。そういうときには、それに気づいたところから、その考えや感情を手放して、またお茶を味わうことに戻ります。考えや感情はそのままに置いておきます。

追いかけず、取り込まれず、抑え込まず。ただお茶を味わうことに何度でも戻ります。今はただ一服のお茶をいただくための時間です。

その考えや感情とともにお茶を味わいます。その考えや感情の中でお茶を飲むのではありません。その考えや感情があなたとともにとどまる限り、とどめさせておきます。その考えや感情があなたの側から離れていくようであれば、好きにさせます。たとえ嫌な考えや感情であっても、それがそこにとどまる限り、そこにいさせてやります。遠ざけることもしませんし、取り込まれるようにもさせません。ただそれと親しみ、それとともにお茶を味わうのです。

高価なお茶の葉でなくても構いません。インスタント・コーヒーでもいいのです。高価なお茶の葉でなければマインドフルに飲めないと思うのは、永平寺に行かなければ瞑想はできないと思うのと同じです。あなたの禅堂は今ここにあります。あなたが何をしていようとも、あなたがどこに居ようとも、あなたの禅堂は今ここにあります。今ここをおいて他にあなたの禅堂はありません。どこか他のもっとよい場所で、いつか他のもっとよい時に、自分にふさわしい禅堂があるだろう、そこに行ってから瞑想をしようと思うのは、人生の質を低下させる危険な考えです。

インスタント・コーヒーでも、お徳用のティーバッグの紅茶でも、それをただていねいに味わいます。そのチープな味わいを繊細に味わいます。高級なお茶を貧しいやり方で飲むこともできます。貧しいお茶を豊かなやり方で飲むこともできるのです。

✤マインドフルに聴く

マインドフルであること、存在するモードであること、一意専心のモードであることは、まさにカウンセリングにおけるカウンセラーのありようとしてさまざまな論者が述べてきたこととも一致します。

ロジャースの自己一致*という概念。プレゼンス*という概念。フロイトの平等に漂う注意*という概念。カウンセリング中のカウンセラーのあり方の規範として提示されてきたこれらの概念は、いずれも、マインドフルネスの考えの一側面を述べたものとしても理解できます。

心を自由にして、どのような心の動きも生じるがままにし、ありのままの心のようすに気づきながら、今ここにただ存在し、ただ聴く。カウンセラーがこうした聴き方を身につける上で、マインドフルネスの実践はとても役に立つものだと思います。

心を自由にして、心に浮かぶことをありのままに感じるというのは、実際にはとても難しいことで、ほとんど不可能だと言ってもいいことです。完全にそうできるなどということは、実際にはありえないと言えるでしょう。

以前よりも少し心が自由になったとき、それまで自分が自分の心をいかに不自由にしていたかということに初めて気がつくのであって、それ以前の時点でも自分なりには心を自由にしているつもりなのです。ですので、これは心がけたからと言ってすぐにできるようなことではないのです。ですが、どうせできないからしないでいい、というものでもないのです。

心を自由にすることが特に難しいのは、何らかの心の動きが、自分にとって脅かしになると感じられるときです。たとえば、カウンセラーが、カウンセラーはこういうことを思うものだ、カウンセラーはこういう気持ちを抱くものだ、といった固い考えを持っていると、その考えに反するような心の動きは、脅威と感じられるかもしれません。そうなると、そのような心の動きが生じたときに、思わず身を固くしてそれを斥けてしまうかもしれません。

たとえば、クライエントが来談したときに、カウンセラーの心中に「あ〜、またあいつが来たのか」と、クライエントを歓迎しない気持ちが生じたとしましょう。このカウンセラーが、

自己一致

カール・ロジャースは、カウンセラーがクライエントとの間に三つの条件を満たした人間関係を築くことができていると、クライエントは自らの力で気づきを深め、成長的な変化を遂げると考えました。その三つの条件とは、無条件の肯定的関心、共感的理解、そして自己一致です。この中でも自己一致が最も重要だと考えられています。自己一致とは、自分の中に浮かぶさまざまな思い、考え、感情、感覚などを、どれも忌避することなく、ありのままにしておくことができる状態のことを指しています。

プレゼンス

プレゼンスは、晩年のカール・ロジャースが、クライエントを前にしたカウンセラーの理想的な心のありようを描くために用いた概念です。ロジャースは、自分がただそこにいること（プレゼンス）が、クライエントにとって援助的な体験になることがあると述べました。それは努力してできることではないのですが、ただ、そういう状態

「カウンセラーはそんな思いを抱くべきではない」と固く考えているとしたら、こうした気持ちは反射的に心の片隅に追いやられ、ほとんど気づかれないままとなる可能性が高いでしょう。

これはとても残念なことです。クライエントに接してカウンセラーの心に生じたことは、どんなことであれ、カウンセリングに役立つ可能性を大いに秘めています。それは貴重な資源なのです。その貴重な資源を排除してしまうことで、カウンセリングの展開は非常に難しくなってしまいます。

たとえば、カウンセラーの心中に「あ〜、またあいつが来たのか」とうんざりする気持ちが湧いてきた場面について考えてみましょう。そうした気持ちが湧いてきたことをただありのままに気づき、自分の心にこうした気持ちが湧いてきたのは、どういうことなんだろうと穏やかに自分の中で問うてみるならば、クライエントの言動や態度が非常にぶっきらぼうで、ふてぶてしいことに気がつくかもしれません。そのような言動や態度を取っていたら、せっかく援助してあげようという姿勢を持っている援助者でも、たいていは、援助の気持ちを挫かれてしまうだろうなあと思えてくるかもしれません。クライエントは、そのことで、生活上、かなりの損をしているに違いありません。援助を与えてくれそうな相手に普通に好感を感じさせることができる人であれば簡単に得られる援助を、このクライエントは得られないはめに陥る可能性が非常に高いだろうと推察できるからです。

このクライエントを援助するに当たって、この推察は非常に重要なポイントとなりえるものです。こうした推察が自然に浮かんだなら、それをクライエントに伝えてみることもできるでしょう。

「あなたとこうして面接してて不思議に思うんだけど、あなたと会ってて、助けてあげたいという気持ちがあんまり自然に湧いてこない自分に気がつくんです。あなたの物の言い方とか

になったときには、カウンセラーはリラックスしていて、内なる直観に開かれており、意識の状態も普段とは異なったものになっているといいます。そういうとき、自分の中から生じるものに身を任せていくと、それが後になってとても援助的な働きかけだったと分かるのです。

平等に漂う注意

フロイトは、精神分析家がクライエントの話を聴くときには、あらかじめ特定の見方に立って特定の話題やテーマに狭く注意を焦点づけた聴き方をするのではなく、クライエントが提示するあらゆる材料に対して平等に漂う注意をもって聴く聴き方が望ましいと考えました。クライエントの話の内容のみならず、クライエントの態度や雰囲気、クライエントと会っている間に精神分析家自身の心の中に生じるさまざまな思いや感情をも含めて、それらすべてに平等に漂う注意を向けるのです。

雰囲気に、何かぶっきらぼうな感じ、遠ざけられているような感じを受けてしまうんです。僕はカウンセラーとして専門的な勉強をしてきて、いろいろな人の相談の経験を積んできているから、あなたが本心のところでは困っていて助けて欲しいって思ってることが分かってるからいいけれど、普段の生活の中では、たいていの普通の人はそんなふうには分からないんじゃないかと思うんです。あなたが困っているときでも、助けてあげようという気持ちになりにくいんじゃないかと思うんです。そのために、あなたの生活はずいぶん難しくなっているのじゃないだろうかって思うんです。」

カウンセラーがそう言うと、クライエントは心なしか目を赤くして「そうですよ。僕はこんな態度ですからね。誰も助けてなんかくれませんよ。僕もそれが分かってるから誰にも助けなんか求めませんけどね」と言うのです。そしてクライエントがこう言うのを聴いたとき、カウンセラーの心の中には、その瞬間、助けてあげたい気持ちがすーっと自然に湧き上がってくるのです。

カウンセラーが、助けてあげたい気持ちが自分の中に湧いてこないことを、ありのままに、何ら防衛的にならずに受け容れることができていると、その事実を援助的に活用することができます。クライエントに伝えることもできます。助けてあげたい気持ちが湧かないということをありのままに受け容れて初めて、助けてあげたい気持ちが湧いてくるような展開が得られるのです。

このことは、クライエントを受容するためには、その前に、まず自分を受容することが必要だということを示しています。

しばしば人は自然で健康な感情を、病的なもの、脅威的なものと見なして恐れます。しかし、さまざまな感情は、生きていく上で避けがたく体験されるものです。それを避けることは、生きることを避けることに他なりません。それに、そうした感情は、そもそも避ける必要のないものです。それには適応的な意味があります。どのような感情であれ、不快であるがゆえに避けることは、さまざまな問題のもとになるのです。

カウンセラーが心を自由にして、どんな不快な感情でも、ただありのままに感じながらクライエントの話を聴くことができるなら、それはいろいろな次元で、カウンセリングを助けます。

不快な感情と同様に、どんなふとどきな思いであっても、ただありのままに気づきながら、クライエントの話を聴きます。それはやはりカウンセリングを助けます。

女性のクライエントの話を聴いていて、話の内容とはまったく無関係に、なぜか性的で加害的な空想が男性カウンセラーの心に湧いてくるとしましょう。カウンセラーは、このことを注意深く受けとめ、熟慮した上で、タイミングを見計らって、こんなふうに言ってみます。「こんなこと言って、どう思われるか分からないけど、あなたとこうして出会っていると、なぜか知らないけど、セクハラめいた空想が自分の中に湧いてくるのに気づくことがあるんです。何をしても許されそうな感じをどこか感じているんですね」と言ってみます。するとクライエントは驚いて、「えーっ、私、よく周りの人から、無防備すぎるって言われるんです。ちゃんとガードできないんです。人の言いなりになってしまって、後から腹が立ってくることもよくあります。そのことでもとても悩んでいるんです」と初めてそのような悩みを口にするのです。

もちろん、何でもかんでもカウンセラーの心に浮かんだことをそのままクライエントに伝えればいいと言っているわけではありません。こうした内容を伝えることが、助けになるとは思えないこともよくあります。そういうときには、こんなふうにあえて言ったりはしません。それでもなお、ふとどきな思いをあわててギュッと抑え込んでいるよりは、その思いにただありのままに気づいた上で、それを放っておく方が、カウンセリングは助けられます。よけいなところに労力をはらうことなくクライエントの話を聴けるからです。

カウンセラーとして持つべきではないと思えるような、自分の中の最悪の部分と感じられるような心の動きでさえ、ありのままにそれに気づき、認めていくことで、カウンセリングの目的に奉仕するものとして利用できるのです。自分の中の最悪の部分が最善の目的に役立つものとなるのです。このようなことを実際に何度も経験することで、カウンセラーは、自分自身が救われていくのを感じるものなのではないかと思います。カウンセリングによってもっとも救われているのは、カウンセラーである自分の方ではなかったかと思えるようになるのです。

第3章まとめ

本章では、マインドフルネスについて学びました。以下がその要点です。

- マインドフルネスは単純な概念ではなく、矛盾を含んだ多面的な概念である。
- マインドフルネスを理解するには、その考えを実践することが必要である。
- マインドフルネスを最も簡潔に表現すれば、何らの価値判断もせずに、今この瞬間に立ち止まり、自分と世界のありようをありのままに感じることである。
- マインドフルネス瞑想では、何らの努力をもしないで、ありのままの自分の存在を感じ、世界を感じる。
- マインドフルネス瞑想では、何も目指さないし、何も目指さないことを目指すこともしない。
- カウンセラーにとって、マインドフルネスを学び、深めることは非常に助けになる。
- カウンセラーの聴き方は、マインドフル・リスニングである。

文献

- ハン T・N（二〇〇三）『あなたに平和が訪れる禅的生活のすすめ：心が安らかになる「気づき」の呼吸法・歩行法・瞑想法』（塩原通緒訳、二〇〇五）アスペクト
- ハン T・N（二〇〇七）『あなたに幸福が訪れる禅的生活のこころ：澄んだ思考と穏やかな心から生まれる「真の力」の使い方』（山岡万里子訳、二〇〇九）アスペクト
- カバットジン J（一九九〇）『マインドフルネスストレス低減法』（春木豊訳、二〇〇七）北大路書房
- Kabat-Zinn J (1994) Wherever you go, there you are: Mindfulness meditation in everyday life. Hyperion.
- リネハン M（一九九三）『境界性パーソナリティ障害の弁証法的行動療法：DBTによるBPDの治療』（大野裕監訳、二〇〇七）誠信書房
- 田嶌誠一（一九九一）「青年期境界例との『つきあい方』」心理臨床学研究、9、三二〜四四
- 田嶌誠一（二〇〇二）「臨床心理学キーワード11　健全なあきらめ」臨床心理学、2巻6号、八二二〜八二四

第4章 応答技法について

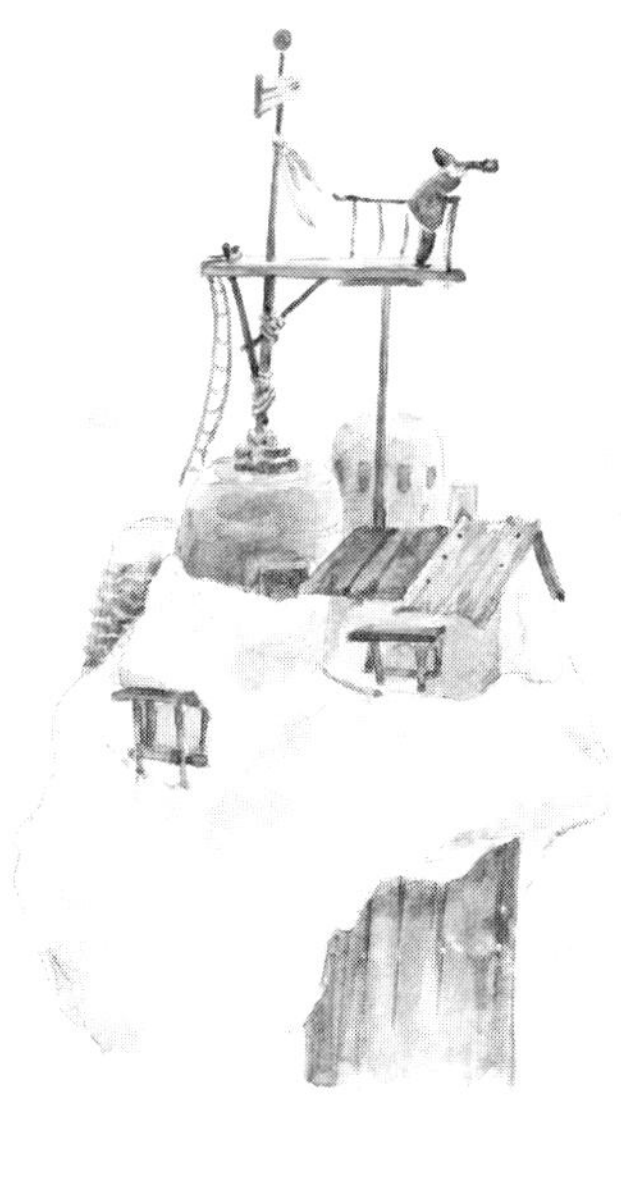

✤応答技法

カウンセリングの入門的な講座では、しばしば「応答技法」と呼ばれるカウンセラーの言葉のレパートリーが紹介されることが多いようです。応答技法とは、あいづち、反射、感情の明瞭化、クライエントの発言内容の要約、非指示的リード、質問、自己開示、リフレーミング*など、カウンセラーがクライエントの話を聴くときによく用いる応答のパターンのことです。これらの応答技法は、確かに伝統的な対話的カウンセリングにおけるカウンセラーの発話を特徴づけるものだと言えるでしょう。学派を問わず、伝統的な対話的カウンセリングを行っているカウンセラーは、このような種類の応答を日常的に用いているものです。

これらの応答技法は確かに有用なものだと思います。しかし、これらの応答技法は、浅い理解に基づいて形式的に用いられると逆効果となりがちですし、ときには危険でさえあります。

本章では、応答技法の中でも主要なものを選んで、その効果的な使用について考えてみましょう。カウンセリング初心者が応答技法を学び、用いる上で、よく考えておく必要があると思うことを述べてみます。

リフレーミング

コップ一杯の水があり、それが半分になったとき、「もう半分しか水がない」と言うこともできますし、「まだ半分も水がある」と言うこともできます。これら二つの表現は、まったく同じことについて、別の見方から言い換えただけのものです。どちらかが正しくてどちらかが間違っているというものではありません。どちらも同じ程度に正しいのです。けれども、これら二つの表現の伝えるニュアンスはとても違っています。見方を変えて表現しなおすことで、そ

✤あいづち

「ええ」「はい」「なるほど」「そうですか」「あー」「はー」などといったあいづちは、発話中のクライエントに、ちゃんと聴いていますよというメッセージを伝え、クライエントが話すことを励まし、支える働きを担っています。

カウンセリングの入門書の多くには、カウンセリングとは「クライエントの話を聴くこと」だと強調されているためでしょうか、駆け出しのカウンセラーは、クライエントの話をむやみに一生懸命に聴こうとして力みが入ることが多いようです。そうすると、あいづちに力みが入ります。あいづちの回数がとても多くなったり、あいづちの声が強くなりすぎたりして、あいづちが不自然なまでに存在感を主張するようになってしまいます。

あいづちに関してまず大事なのは、「どこであいづちを打つか」ということですが、裏を返せばこれは「**どこであいづちを打たないか**」ということでもあります。大事なところであいづちを打つのです。クライエントの感情が表出されたところとか、クライエントが何か大事なことを思い切って言ったところとか、クライエントが不自然な発言をしたところとか。

一生懸命聴いていることを伝えようとして、ひっきりなしにあいづちを打つようなことをすると、肝心なところであいづちを打つ、その一回のあいづちの効果が果てしなくゼロに近づいてしまいます。下手な鉄砲も数打ちゃ当たるという言葉がありますが、カウンセリングのあいづちに関しては、この言葉はまったく当てはまりません。乱発した結果、たまたまその中の一発が当たっていたとしても、ほとんど何の意味もないのです。

ですので、意味の乏しいあいづちは控えておく方が賢明です。

あいづちに関して次に大事だと思われるのは**声**です。あいづちに限らず何を言うにしても声

の表現の受け手に新しい見方がもたらされ、その人の態度や行動に変化がもたらされます。こうしたコメントはリフレーミングと呼ばれています。リフレーミングは、家族療法家が最も重視する働きかけの技術です。

は大事なのですが、あいづちは、それ自体としては意味を持っていませんから、どのような声で言うかという要素の比重が高くなるのです。

さしあたりは、クライエントの話のトーンやテンポに合わせてあいづちを打ちます。クライエントが憂うつそうに話しているときには、低い声でゆっくりと。クライエントが早口であせって話しているときには、やや高めのトーン、早めのテンポで。

そうしてクライエントの調子に合わせてあいづちを打ちながら、クライエントの憂うつやあせりが和らぐにつれ、そしてまた、憂うつやあせりが和らぐように、カウンセラーは、微妙に声の調子やテンポを変化させ、そこに微妙な揺らぎをもたらします。ときにクライエントの変化に従いながら、ときにクライエントの変化を誘いながら。まるでデュエットを歌うように。あるいはダンスのステップを踏むように。

本当に凄腕のカウンセラーは、そのたたずまいとあいづちだけでも、かなりの程度、クライエントを安心させたり、クライエントの内面の探索を促進したりできるものなのかもしれません。*

✤反　射

反射とは、カウンセラーがあたかも鏡となったかのように、クライエントに、クライエントの発言が伝えているものを映して返すような種類の応答を言います。あいづちと並んで、最も基本的なカウンセラーの応答レパートリーです。一般にはオウム返しと言われることもあります。

ただし、一口に反射と言っても、実はそこにはかなり幅広いヴァリエーションがあります。

あいづちとうなずきの働き
あいづちやうなずきの基本的な働きは、安心して話し続けられるようクライエントをサポートすることにあります。それに加えて、あいづちやうなずきは、クライエントの話に対してリアル・タイムで瞬間瞬間に生じてくるカウンセラーの感情的反応（疑念、驚き、困惑、喜び、不承認、同情などなど）を直接的に伝える働きをも担っています。そうしたあいづちとうなずきの働きがいかに重要なものかはいくら強調しても強調しすぎることはありません。

単純な反射、喚起的な反射、探索的な反射、などなど。オウム返しと言われるのは、このうちの単純な反射のことを指しています。

(1) 単純な反射（オウム返し）

単純な反射とは、クライエントの発言を、ほぼそのまま返す応答です。「しんどいんです」「しんどいんですね」といったように。

何年もかけて、安くはない学費を費やしてカウンセリングの勉強をしてきたような人でも、この単純な応答ができていない人が意外に多いのです。クライエントが言ったことを、ただ言ったままに、返す。それだけのことです。とても簡単なことのように思えます。けれども、二〇分程度のロール・プレイ*をして、その録音を聴いてみても、その中にこの単純な反射が一度も出てこない、ということがしばしばあります。単純な反射が出てこない代わりに、カウンセラーからいろいろと質問をしたり、意見を述べたりしているのです。

私は、カウンセラーの養成に関わってみて、ただ適度に自然にあいづちを打ちながら話を聴き、ときおり、大事なところで単純な反射をする、ということが、実はかなり難しいことなのだなと理解するようになりました。逆に言うと、多くの大人は、話を聴くときに、そのようなやり方で聴くことはしないのです。多くの大人は、二〇分という短い時間でさえ、相手の話をありのままに受けとめて聴く姿勢を維持することはなく、自分の観点から質問したり意見を述べたりするものなのです。そういう習慣が長年の間に強固に身についてしまっているのです。この習慣を打破するのは、ギャンブル依存症やネット依存症を治すのと同じくらい難しいことなのかもしれません。頭では分かっていても、なかなかできないんですね。

このように、単純にオウム返しをするという応答は、易しいようで難しく、人によっては、かなりの意識的訓練を必要とするものです。

ロール・プレイ（役割演技）
ロール・プレイとは、何らかの役を演じることです。ロール・プレイは、カウンセリングの訓練においてもしばしば用いられますし、実際のカウンセリングの中で、一つの技法としても用いられます。カウンセリングの訓練の中では、たとえば、訓練生がペアになって、片方がカウンセラー役、片方がクライエント役を演じて、カウンセリングを模擬的に体験する実習がよくなされます。実際のカウンセリングの中で用いられる場合には、たとえば、クライエントが上司との人間関係で悩んでいるなら、クライエントが上司の役、カウンセラーがその部下の役を演じたり、またその役を交替したりします。そうやって、クライエントの悩みを探ったり、新たな行動を練習したりするのです。

あいづちのところで述べたのと同じように、単純な反射も、クライエントの話のどこででもひっきりなしにするようなものではありません。適切なポイントでするからこそ、効果があるのです。クライエントの言葉の中で、大事なところ、自分の感情や微妙な体験の綾に触れているようなところ、あるいは、重要なキーワードと思えるようなところで、行います。ただあいづちを打つ以上にもっと大事なところです。

カウンセラーは、クライエントの話の流れを、あるいは話の背後にある体験過程の流れを感じながら、それに沿うように、あいづちや反射を用いて、いわば音楽的に合いの手を入れていくのです。カウンセラーの合いの手がすぐれた音楽性を帯びていれば、クライエントの表現は深まっていきます。

たとえば、クライエントが以下のような話をしたとしましょう。

「昨日、職場で上司の歓送会があったんですよね。お世話になった上司だったので、私も出席したんです。行ってみたら、出席者がとても多くって、もう何年も前に他の会社に移ったような昔の部下まで来てたんです。会自体は楽しかったのですけど、その会から帰ってから、なんかもやもやするんですよね。気持ちがざわつくって言うのかな」。

みなさんが、この話を聴いているとしたら、どこで反射をするでしょうか。最初の文の終わりで「職場で上司の歓迎会があったんですね」と言うでしょうか。次の文の終わりで「あなたも出席したんですね」と反射するでしょうか。その次の文の終わりで「昔の部下まで来てたんですね」と反射するでしょうか。

そのように反射するのと、そこまでのところはあいづちに留めておいて、その次の文の終わりで「もやもやするんですね」と反射するのとでは、どちらの方がクライエントが自分の気持ちを見つめていく助けになるでしょうか。よく感じ比べてみて下さい。どちらの方が正しいか間違っているかとか、どちらの方が良いか悪いか、という観点から考えるのではなく、じっくりと感じ比べてみて下さい。

(2) 喚起的な反射

喚起的な反射というのは、ただクライエントの言葉をそのままオウム返しに伝え返すだけではなく、クライエントの発言を聴いていて、カウンセラーが、クライエントの感じているものをできるだけリアルに感じ取ろうと努力し、そこで感じられたものを自分の言葉で生き生きと表現し、伝えようとする反応です。

喚起的な反射においては、クライエントになりかわって語る一人称形式の表現、鮮明なイメージ、メタファー、臨場感のある語りなどの喚起的な表現がしばしば用いられます。これらの表現の工夫によって、クライエントの中にその体験をより強く喚起し、クライエントがその体験により十分に開かれていくよう促進しようとするのです。

ちょうど、ドラマや映画で、音楽やカメラワークなどの演出が、観客の情動を強く喚起し、盛り上げるように、カウンセラーの喚起的な反射は、クライエントの話の底に流れている情感を喚起し、盛り上げるのです。

もちろん、何でもかんでもむやみに盛り上げればいいというものではありません。クライエントがすでに嫌と言うほど十分に体験している情動、むしろその情動に耽溺することによって他の重要な情動の体験を遠ざけるように働いている情動は、さらに喚起する必要がないと考えられます。

喚起的な反射の例をいくつか挙げてみましょう。

「片道二時間かけて通学しているんです。要領のいいことは私にはできないから授業には休まず全部出なくちゃいけないんです。頭もよくないから予習復習もしないといけない。だから寝るのは夜中の二時ごろ。睡眠時間は四時間くらい。そのうえ経済的に苦しいから土日はバイトをしなくちゃいけない。（思い詰めた感じで語る）」
「えーっ！　片道二時間の通学時間で、授業には全部出て、予習復習もして、週末はバイト！　そんな追い立てられるような余裕のない生活を毎日必死でやっているんですね。泣きたい気持ちをこらえながら。」

「母は私が子どもの頃からうつ病で、私は毎日学校から帰ると、母の憂うつな話を延々と聞かされました。母が私の話を聞いてくれることなどありませんでした。つい、ちょっとした悩み事を話してしまうおうものなら、母は過剰に心配し、それをなだめるのが大変になってしまうのです。だから私は母の話の聞き役に徹し、自分のことは決して話しませんでした。」
「あなたはその状況をたった一人で耐えてきたのですね。お母さんに打ち明けたい悩みごとがあっても呑み込んで。お母さんに不満があっても、それも呑み込んで。まだ小さな子どもでありながら、自分一人で抱え込んできた。他の子どものようにお母さんに甘えることも知らずに育ってきた。まるで捨てられた小さな子犬のように孤独に震えながら。」

ロジャースの考えや技法を継承しつつ発展させたグリーンバーグ（一九九三）は、反射について次のように述べています。

多くのセラピストは反射を機械的なオウム返しとして過度に単純化して考えている。適切な反射は機械的なものではなく、セラピストの生きた反応であり、クライエントのその特

定の体験に固有のニュアンスや味わいに細心の注意を払う反応である。（グリーンバーグ、一九九三）

初心のカウンセラーの中には、カウンセラーは自分の考えを述べたり個性的な反応を表したりせずに、ただただクライエントの発言についていくべきだと考えている方がよく見かけられます。そうした初心のカウンセラーの方も、その考えについてよく聞いてみると、必ずしも積極的にそうするのがよいと考えているわけではないのです。むしろ、自分の考えや個性的な反応を表に出すことが怖いから、そのような考えにしがみついて自分を守っている、ということが実に多いのです。いずれにせよ、そういうカウンセラーは、生き生きとした自分の個性的な感受性を押さえ込み、できるだけ自分を出さないようにしながらクライエントの話を聞いているのです。しかしながら、カウンセラーがクライエントの話を聞きながら生き生きと反応していないのであれば、残念ながらそれは良質の傾聴とは言えません。

✤クライエントの発言内容の要約

クライエントが話し始め、心にあることをとりあえず一通り話したとき、何か一段落ついたような感じになります。そういうときに、しばしば、カウンセラーは、自分の理解に基づいてクライエントの話を簡潔にまとめ、「かくかくしかじかで、かくかくしかじかということなんですね」などとフィードバックします。

カウンセラーが的を射た要約を返すと、クライエントは、カウンセラーは的確に理解してくれているということが分かって安心します。それは、カウンセラーへの信頼感を高めますし、さらに話したいという気持ちを高めるでしょう。逆に、ポイントをはずした要約を返すと、クライエントはフラストレーションを感じるかもしれません。そのフラストレーションが、もっと正確に自分の気持ちや状況を語ろうという動機づけを生み出すこともしばしばあります。いかに優秀なカウンセラーといえども、常に的を射たことが言えるわけではありません。少々的を外すことがあっても、そのことがすぐにカウンセリングの妨げになるわけではありません。けれども、あまりにも不正確な理解を何度も何度も伝えてしまうと、クライエントは話し続ける動機づけを失うことさえあるでしょう。

ときに、自分が注意深く聴いていて正確に理解していることを伝えようとするあまり、ずいぶんさかのぼってクライエントの話を振り返り、長々とした要約をする人があります。クライエントが話してきた内容の構成要素をすべて含むような長々とした要約をする人は、結局のところ、カウンセラーが要点を分かっていないということを伝えているようなものです。それに、あまり長々とした要約をすると、クライエントの話の流れをせき止めてしまいます。

要約は簡潔に。簡潔にすることで、カウンセラーがどう理解したか、何を大事と考えているか、どこに注目しているのか、が浮き彫りになるのです。裏を返せば、何を大事と考えていないか、何に注目しないか、が浮き彫りになるのです。それが大事なのです。要約することは、カウンセラーの理解を伝える行為でもあるのです。

ときどき、クライエントの発言内容を要約するのは、ただクライエントの言ったことを縮めてコンパクトにして返すだけだから、単純で簡単なことだと思っている人がいます。クライエントの言ったことを縮めてコンパクトにして返すだけだから、カウンセラーの側のことはそこに何も入り込まないと考えている人がいます。けれども、事はそんなに単純ではないのです。クライエントの話をどのように要約するかの中には、カウンセラーの理解のあり方が如実に表れてしまうものなのです。

✤感情の明瞭化

感情の明瞭化とは、クライエントがまだはっきりとは言葉にしていないけれども、話を聴いていてカウンセラーに伝わってくるクライエントの感情を、カウンセラーの側から明瞭にしてフィードバックするような種類の応答を指します。つまり、クライエントが表情や声や姿勢などの非言語的なチャンネルで、あるいは文脈によって間接的に表出しているものを、カウンセラーが感じ取り、言葉にする応答です。もっと別の言い方をすれば、クライエントの意識的な気づきの中心舞台には上ってこないけれども、その周辺にあって、うごめいている心の動きを言語化する応答です。

たとえば、職場でのエピソードについて話すクライエントの話を聴いているとしましょう。クライエントの話を聴いていると、上司に対して不満を感じていそうな雰囲気が伝わってくる。けれども、クライエントははっきりとそう語るわけではない。そういう場面で、「上司に対して『僕だって一生懸命やっているんです。そのことをぜんぜん認めてもらえていないような感じがして、それがつらいんです』と言いたいような気持ちですか」と返す。感情の明瞭化とは、たとえば、そのような応答です。

感情の明瞭化は、しばしば思われている以上に、実はとても多面的な働きをもった重要な働きかけです。ここで少しそのことを考えてみましょう。

感情の明瞭化は、見たところ、クライエントの心の動きをカウンセラーが知覚して、それをただありのままに言語化したもののようにも見えます。発言したカウンセラーの実感としては、まったくそのように感じられていることも多いでしょう。けれども、別の見方をすれば、この発言はカウンセラーによる**解釈***であるとも言えます。カウンセラーは、あなたははっきり口に

解釈
精神分析的なセラピーでは、クライエントに、心に浮かぶことを、浮かぶままに、何ら検閲を加えることなく、そのまま話すよう求めます（自由連想法）。精神分析家は、それを聴きながら、クライエントの無意識の心の動きを感じ取ります。そして、それを適切なタイミングでクライエントに伝えます。クライエント自身がはっきりと気づいていない心の動きへの気づきをもたらすことを目指したこうしたコメントは解釈と呼ばれます。精神分析は解釈によって気づきをもたらすことを中心にしたセラピーだと言えます。

することは避けているけれども、心の中にそういう気持ちがあるのでしょうと推論して伝えているのです。

また、感情の明瞭化は、**暗示的な誘導**の性質も帯びています。クライエントは確かに意識の周辺で、かすかにそういう感情を抱いていたのかもしれません。けれどもこのように言われることによって、そのかすかな感情は、強められる可能性があります。そのかすかな感情は、このカウンセラーの発言によって、注目され、増幅され、育成され、道をつけられて、後押しされているのです。

また、感情の明瞭化は、**教育的・形成的な働き**をも担っています。クライエントが上司に対する不満や怒りを感じていて、それを意識の中心から遠ざけていたとしましょう。そのとき、その感情は、意識的な調節をよく受けておらず、原始的なものにとどまっています。またその感情は、いまだ具体的で明瞭な形をとってはおらず、潜在的なものにとどまっています。このとき、クライエントがその感情を実際に具体的に表出する道筋には多種多様なものがありえます。その中には、上司を殴る、上司を卑劣なやり方で陥れる、自分を傷つけることで上司に間接的に抗議する、などといった、望ましくない道筋もありえます。そんなときに、カウンセラーが「あなたは上司を殴りたいんですね」とは言わず、「あなたは『僕だってがんばってるんです。それを少しも認めてもらえていないように感じるんです。それがつらいんです』と上司に言いたいんですね」と言うことによって、カウンセラーは、このいまだ未分化で潜在的な感情に対して、社会的に望ましい適応的な形を与えているのです。

感情の明瞭化は、感情の解釈であり、感情の誘導であり、感情の形成でもある。私は、そのように見ていますし、そのように考えた方がカウンセリング実践はより豊かになると思います。

そして、上に述べたような見方における感情の明瞭化のどの働きにしても、カウンセラーの観察や推論が鋭く正確で、共感がよりきめ細やかであればあるほど、より大きな効果を上げるのです。逆に、カウンセラーの観察や推論が不正確で的をはずしたものであるならば、期待されるような効果は生じないでしょう。もし、カウンセラーが「あなたは上司に対して『僕だって一生懸命やっているんです』と言いたいようなお気持ちなんですね」と言ってみても、クライエントの心のどの片隅にもそのような感じがまったく存在していないのであれば、クライエントはカウンセラーとの間に距離を感じるかもしれません。そのようなとき、クライエントが誘導されることはありえませんし、教育的・形成的な効果も生じません。

感情の明瞭化が含むこれらの作用は、常に明瞭に区別できないやり方で、一体となって生じるのです。

✤非指示的リード

「それについてもう少し詳しく話してもらえませんか」とか、「もう少し聞かせて下さい」とかいった、オープンな投げかけ方で話すことを促すカウンセラーの言葉かけは、非指示的リードと呼ばれます。

非指示的リードも、どのポイントで用いるか、ということが重要です。クライエントの話すことに何でもかんでも「それについてもう少し詳しく聞かせて下さい」と言っていればいいというものではありません。

非指示的リードは、クライエントの話を聴いていて、カウンセラーがよく分からないな、もっと知りたいなと思ったポイントですものだと漠然と考えている人が多いように思います。確かに、非指示的リードはそういう場面で使われることもありますが、そのような非指示的リードは、あまり重要なものではありません。

より重要な非指示的リードは、クライエントがこういうことを話してもいいものかとためらっているように感じられるポイントや、特定の話題について不安のためにじゅうぶんに話せない兆候を見せるポイントで、その話をしても大丈夫ですよというメッセージを伝え、クライエントが安心して話せるようサポートするものです。

たとえば、いつも知的な評論や議論ばかりするクライエントがいるとしましょう。現政権の政策について、環境問題についてなど、知的な話ばかりをするクライエントです。そのクライエントが、あるとき、いつになくウェットな口調で、飲み会での出来事を話したとします。昨日、職場の飲み会があって、みんなで出かけたのだが、気がついたら自分だけ話の輪からはみ出してしまっていて、一人だけ浮いてしまったのだと。クライエントはいつもと違うさみしげな口調でそういう話をする。そしてふと我に返ったかのように、急にいつもの硬い口調に戻って地球温暖化についての議論を始めたとします。そのときカウンセラーは、「地球温暖化についてもう少し詳しく聞かせて下さい」とは決して言いません。「さっきの飲み会での話ですが、もう少し詳しく聞かせてもらえませんか」と言うのです。

知的な議論ばかりをしたがり、パーソナルな話題を避け、自分の感じていることや心の奥にある気持ちなどを話さないクライエントが、珍しくその硬い鎧を取り、柔らかくデリケートな心情を話しかけたのです。そのモードにできるだけ長くとどまり続けることが、クライエントの変化を助けるのです。そのモードで話し続けても、何も危険なことはない、そのような心の部分を表現しても、何も怖いことは起こらないのだと実感的に体験してもらうことが大切です。

ちなみに、もしこのような働きかけにクライエントが素直に応じてくれて、飲み会での個人的体験について話してくれたなら、カウンセラーはそのことにポジティブなフィードバックで応えるべきです。たとえばそのセッションの締めくくりに「今日はいつもと違って、あなたの個人的な体験を聞くことができてよかったです。いつもよりあなたを近くに感じることができたような感じがして嬉しかったです」といったことを伝えるのです。もちろんこれはカウンセラーの率直な自己開示であって、この反応を強化するための単なる技巧的なセリフではありません。*

✤質　問

カウンセラーはクライエントの話を聴いて、しばしば質問をします。

初心のカウンセラーは、外的な事実関係を尋ねる質問を連発しがちです。「それはいつからですか」「お父さんはどう言っていますか」「お母さんはどう言っていますか」などなど。下手をすると、カウンセラーが質問し、クライエントがそれに答えるというやり取りがパターン化されてしまいます。そうなると、クライエントはとても受け身的になり、ただカウンセラーの質問を待つようになっていきます。「さあ次の質問は何ですか」という構えが形成されてしまいます。カウンセラーの質問がいよいよネタ切れになり、沈黙が訪れたとき、クライエントは「あなたが求める情報はすべて与えましたよ、さあ答えを下さい」という構えで待つことになるでしょう。このようになったとしても、それはそのクライエントが受け身的なクライエントだったからではありません。カウンセラーがクライエントをそのように形成したのです。

カウンセリングは取り調べではありません。カウンセリングでは、クライエントに自分の体験を探索してもらう仕事をしてもらう必要があります。カウンセリングでは、クライエントの心が忙しく仕事をする時間が多いのがよいカウンセリングです。カウンセラーが質問を必死で考え、クライエントがただぼーっとカウンセラーの質問を待つ。そんな時間が多いのは、ダメなカウンセリングです。

クライエントには話したいことがあるのに、カウンセラーがつまらない質問を次々にしてく

純粋でパーソナルな表出と技巧的なセリフ

確かに、カウンセラーのこの応答は、クライエントの反応を強化するための「単なる」技巧的なセリフではありませんが、クライエントの反応を強化するための技巧的なセリフではないというわけではありません。正確に言うと、この応答は、率直な自己開示であると同時に、技巧的なセリフでもあるのです。カウンセラーが治療的な原理を自分のものにしていくにつれ、純粋でパーソナルな表出と技巧的に有用なセリフとの境界線は曖昧になり、融合していくのです。

るのでクライエントは話したくとも話せない。それで仕方なくクライエントがカウンセラーに付き合って答えてあげているというような面接もあります。こんなやり取りがしばらく続くと、クライエントはもうそのカウンセラーに話したくなくなってしまうでしょう。クライエントは、カウンセラーにサービスしてお付き合いしてあげて、その上、料金まで支払うのです。その見返りにカウンセラーから何を受け取ることができるというのでしょうか。

このような質問攻めのカウンセリングでは、クライエントは、感情を表出することがありません。ずっと説明してばかりです。声のトーンは平板な説明口調のままです。感情について説明することはあっても、感情が表出されることがありません。もし感情が表出されることがあるとしたら、カウンセラーの質問にうんざりしてイライラしてくるという場合でしょう。

良質のカウンセリングにおいて重要な役割を果たす質問は、クライエント自身の自己探求の姿勢を促進するような質問です。大事なのは質問に対する答えを得ることではなく、**自己探求の姿勢が喚起されること**なのです。*多くの初心のカウンセラーは、質問を、自分が必要とする情報をクライエントから得る手段だと素朴に考えています。もちろん、質問にはそういう面もありますが、カウンセリングにおける質問が担っている最も重要な働きは、クライエントの注意を特定の方向へと差し向けることです。つまり、質問とは**クライエントの注意を方向づける介入**なのです。

注意がうまく方向づけられると、クライエントの心の中に、注意が向けられた領域に関連する体験が喚起される可能性が高まります。たとえば、胸の前でぞうきんを絞る動作をしながら「ぞうきんを絞る時って、こうするよね?」と尋ねられると、たいていの人はほぼ反射的に実際にぞうきんを絞る動作を行います。この質問には、ぞうきん絞りの動作を誘導する働きがあるのです。同様に、高所恐怖症のクライエントが「自分が高いところにいると気づいたとき、身体にどんな感覚を感じますか」という質問に答えようとするとき、クライエントは、ほぼ反

自己探究の姿勢の喚起
カウンセラーの質問がクライエントに自己探究の姿勢を喚起するためには、クライエントとカウンセラーの間に信頼関係がしっかりとできていることが重要です。そのような関係が形成されているとき、カウンセラーがクライエントの心の動きに非審判的な興味と関心を向けて質問していくと、クライエントはそれをモデルとして取り入れ、その同じ非審判的な興味と関心を自分の内面に向けていくようになるのです。

射的に高い場所にいる体験をイメージしているでしょう。そのとき、微妙なやり方で、クライエントはそれまで恐れて回避していた体験に触れているのです。カウンセラーは、質問にはこうした働きがあることを理解しておくことが重要です。

このような考察を踏まえた上で、次に、より具体的にカウンセリングにおける質問の技術について考えてみましょう。

一般に、クライエントの体験を尋ねる「オープンな質問」が有用です。そのときあなたはどんな気持ちだったのですか、身体の感じはどんなふうでしたか、それはあなたにとってどのような体験でしたか、今その話をしていてどんな感じがありますか、などなど。ちなみに、オープンな質問とは、イエスかノーかでは答えられないような質問のことを指しています。あなたは悲しかったのですか、といったような、イエスかノーかで答えられる質問は「閉じられた質問」と呼ばれます。

オープンな質問を用いて、クライエントの**内的な体験**を探索します。もちろん、良質のカウンセリングにおいても、外的で現実的な事実関係をまったく質問しないわけではありません。ただし、外的な事実関係を、内的な体験との関連で聴いていくことが重要です。外的な事実と内的な体験とは、複雑な綾をなす織物の縦糸と横糸のようなものです。実際のところ、両者はそう単純には分けられないものです。そのような理解をもって外的な事実と内的な体験とを織り合わせるように聴いていきます。

クライエントの訴えにまつわる典型的なエピソードや、気持ちが動揺した場面、問題行動が生じた場面などについて、落ち着いた雰囲気で、具体的に詳細に訊いていきます。どのような状況で、どんな感情を抱いたのか。そのとき、身体にはどんな感覚が感じられたのか、どんなイメージが湧いてきたのか、どんな考えが脳裏をよぎったのか。そしてどんなふうに振る舞ったのか。クライエントがすぐにうまく答えられないときには、たとえば、もう一度、タイムマシンでその場面に戻り、ちょうどビデオをスローモーションで再生するような感じで、あらためてゆっくりと体験し直してもらう、といった工夫で手助けしながら、じっくり探索してもらいます。

外的な現実について尋ねるときには、できるだけ状況が具体的になるように尋ねていきます。しばしばクライエントは肝心なことを曖昧な言葉で表現します。たとえば、「みんなが私を批判したんです」などと言います。そういうときには「みんなとは具体的には誰のことでしょう」とさらに詳細に尋ねていくとよいでしょう。くれぐれも取り調べのように厳しく問いただしている雰囲気にならないよう注意してください。たとえば、「私はその場面にいなかったので、勝手な想像を交えて状況を捉えているかもしれません。できるだけ正確にその場面をあなたと共有したいのです」などと説明して、穏やかな雰囲気で進めます。

これらはすべてあくまで一般原則だということをよく認識しておいて下さい。たとえば、私は先にオープンな質問を心がけるよう推奨しましたけれども、これも決して絶対的なことではありません。オープンな質問では反応の自由度が高すぎて、うまく答えられないクライエントもしばしばいます。自分を露わにすることを恐れているクライエントや、極度の不安に襲われているクライエントは、閉じられた質問の方が安心できるものです。クライエントの反応を注意深く観察して、反応を見ながら臨機応変に進めることが大切です。

カウンセリングを学び始めた人たちに私のカウンセリングのデモンストレーションを見てもらうと、終了後のディスカッションで、しばしば次のような質問が投げかけられます。「クライエントの話を聴いていて、自分だったら『どうして～と思うの？』とか、『～って言ったけど、それはなぜですか？』という質問をするだろうと思うところで、先生はそういう質問を全然しませんでした。それはなぜですか」

カウンセリングにおいては、いわゆる５Ｗ１Ｈ（何が、いつ、どこで、誰が、なぜ、どのように）の疑問詞のうちで、「なぜ」という疑問詞は、最も使用頻度が低いものだと言えます。なぜかと言えば、**クライエントの言動の「なぜ」を解明するのは、カウンセラーの仕事**だからです。クライエントにそれを直接尋ねてみても、あまり有益な答えは返ってきません。有益な答えが返ってくるほど自分の心の動きを正確に気づいているのなら、そのクライエントはカウンセリングに来る必要などないのです。

カウンセリングにおける重要な仕事の一つは、クライエントに、自分の心の動きをより自由に直接的に体験してもらうことです。クライエントに、自分の心についての合理的な説明を求めることは、その仕事を助けるよりも妨げるものです。「なぜ学校に行きたくないのですか」と訊くよりも、「いつ、どんなとき、学校に行きたくないと強く感じるのですか」と訊く方がずっと有益です。「なぜ悲しいんですか」と訊くよりも、「悲しいと感じているとき、心にどんな思いがあるのですか」と訊く方がずっと有益です。「どうしてお母さんがそんなに嫌いなんですか」と訊くよりも「お母さんのことを嫌いだと感じるとき、お母さんに何て言いたいような気持ちですか」と訊く方がずっと有益です。

✤指示・教示

オーソドックスなカウンセリングでは、クライエントに指示や教示をしないということになっています。しかし、あまり厳密にこれを守るカウンセラーはだんだんと少なくなってきていると思います。指示をしないことにこだわっても、さほど益がないということが理解されるようになってきたからだと思います。とはいえ、カウンセラーがクライエントに指示を与えるのは、通常、十分に話を聴いた上で、何らかの見通しをもったときであり、安易に機械的に指示を与えるようなことはありません。

カウンセリングにおいて特徴的によく用いられる指示として、内的な体験に触れていくことを求める指示が挙げられるでしょう。たとえば「その感じに今しばらくじっくりとどまってみて下さい」「その気持ちを今あらためてじっくり感じてみましょう」「目を閉じて、その場面を、今、できるだけリアルに思い浮かべてみて下さい。そしてどんな感じがするか教えて下さい」などといったものです。

クライエントが、状況の説明に終始して、そこで何を感じたのか、どんな思いがあったのか、どんな考えが浮かんだのか、などの心の中の体験を直接的に表現しないときには、次のような教示をしてみることがあります。「今また自分がその状況にいると想像してみて下さい。そして何を感じるか、じっくり感じてみて下さい。感じたことについて説明するのではなく、ただ感じてみて下さい。そして十分に時間をかけて感じてから、それについて話してみてください」。人によっては、それまでペラペラと流暢に状況の説明をしていたのに、この教示を聞くやいなや目をうるませ、ぽろぽろと涙をこぼすといったこともあります。

「お母さんはこう言ったんです」「お母さんは自分だけが大事で人のことなんかどうでもいい人なんです」などと、人の言動や性質を記述する話ばかりして、その人について自分がどう感じているのかを話そうとしない人には、次のように教示することがあります。「今、この椅子にお母さんが座っていると想像してみて下さい。お母さんに何て言いたいですか。どうぞ言ってみて下さい」。

これらの指示や教示はいずれも、クライエントに、内的体験に注意を向けて、自分の体験を探究してみるよう誘うものです。そして、遠ざけられている体験に接近していくよう誘うものです。*

課題を指示する

読者がカウンセリングの学びをさらに発展させていけば、より明確にクライエントに取り組むべき課題を指示するさまざまなアプローチを学ぶことになるでしょう。具体的な課題の出し方は本書の射程を超える問題です。ただ、どのような課題を指示するにせよ、以下の点に注意することが大切です。

その課題の狙いや意義をクライエントが理解できるようしっかり説明すること。指示に対するクライエントの反応を注意深くモニターすること。クライエントに感想や意見などのフィードバックを求めること。クライエントが課題を拒否したり、課題の遂行に失敗したりしても、決して落胆せず、その反応を受け容れて、そのことをカウンセリングの大事な材料として話し合う姿勢を維持すること。

✤自己開示

カウンセラーは、ときに、クライエントに対して、自分の個人的な経験を話すことがあります。面接の今ここで感じていることを話すこともありますし、面接の今ここと何らか関連してはいるけれども、面接の今ここからは離れた自分の過去の個人的経験について話すこともあります。自己開示と言われているこうした応答は、クライエントを助ける大きなポテンシャルを持つものです。と同時に、いろいろな難しさを孕んだものでもあります。

自己開示の問題を考えるに当たって、まず最初にお話ししておきたいことは、カウンセラーが**完全に自己開示をしないでいることなどどう転んでも不可能だ**ということです。ある応答が自己開示というカテゴリーに分類されるか、他のカテゴリーに分類されるかということは、非常に便宜的で表面的なことに過ぎません。カウンセラーがクライエントの話を聴くとき、いわゆる自己開示に当たる応答をまったくしていないとしても、そのカウンセラーはすでに多くの自分自身の情報をクライエントに伝えています。どこでうなずきどこでうなずかないか、何を反射して何を反射しないか、何に質問して何に質問しないか、といったことを通して、カウンセラーは自分が何を大事と考え、何を大事と考えないかを伝えています。カウンセラーは何を問題と考えていて、何を問題と考えていないかを伝えています。カウンセラーはどういうことに馴染みがあってどういうことには馴染みがないかを伝えています。

グリーンソンというアメリカの精神分析家は、自分はまったく自己開示などした覚えがないのに、クライエントがグリーンソンの支持する政党を正しく知っていたことに驚いたというエピソードを著書の中で述べています（Greenson, 1967）。クライエントは、自分が政治の話をしたときのグリーンソンの反応の微妙な違いから、グリーンソンの支持政党が分かったのです。

質問することによっても、多くのことが伝わります。たとえば、クライエントが「私は、差別的な考えや暴力的な衝動など、自分の中にある、ひどく人を傷つけかねない嫌な部分を、他の人に気づかれないよう隠しているんです」と言ったとします。そこでカウンセラーが「ひょっとしてあなたは、まさか、世界中で自分だけがそういうことをしてしまう特別におかしな人間なんだと信じているんですか」と問う。

この応答は、たしかに形式上は質問と分類されるような応答ではありますが、ただ質問というカテゴリーに分類されて済むような応答でないことは明らかです。これは**修辞疑問文**の一種であって、形式上は疑問文の形を取ってはいるけれども、純粋に相手の答えを求めるコミュニケーションではなく、むしろ実質的には話し手が自分の抱いている考えを相手に伝えようとするコミュニケーションだと考えた方が妥当でしょう。つまりこの質問は「たいていの人間がそういうことをしているのですよ。それはとても人間的なことであって、異常視されるようなことではないのですよ」というメッセージを伝えるものなのです。カウンセラーは、この質問によって、自分の考えを伝えているのです。

自己開示に非常に慎重で消極的なカウンセラーには、こうしたことについてよく考えてみて欲しいと思います。自己開示に消極的なカウンセラーも、ただクライエントの話を聴いている中で、もうすでに多くの個人的な情報や個人的な意見をクライエントに伝えているのです。いわゆる「自己開示」の応答をするかどうかは、非常に表面的な問題なのだとさえ言えるかもしれません。

逆に自己開示をすぐにしたがるカウンセラーには、カウンセリングはクライエントのための時間であることをよく考えて欲しいと思います。

どのような自己開示であれ、カウンセラーの自己開示は、クライエントに役立つことを目指したものであることが必要です。クライエントのためという以上に、クライエントと親密になりたいというカウンセラーの個人的な欲求のためであるなら、その自己開示は適切ではないと言えます。ただし、人と親密になりたいという欲求を素直に表現できないクライエントに対して、そうした欲求をストレートに表現するモデルとしてカウンセラーが自己開示するのは、クライエントに役立つことを目指していますから、適切なものと言えるかもしれません。その場合でも、自己開示が適切なものだったのかどうかを知るために、自分の自己開示をクライエントがどう受けとめたかを注意深くモニターしましょう。自分の自己開示は、単なる自己満足に終わってはいないか、自分を語って自分が喜んでいるだけではないか、厳しくチェックしてみて欲しいと思います。

クライエントの自己探求を妨げるような自己開示も適切とは言えません。たとえば、クライエントが自分のおかした過ちを振り返り、それについて健全な自己叱責の体験をしているときに、カウンセラーがそれを見る苦痛に耐えかねて、「私でも同じように振る舞ったと思います」とか「実際、私も同じようなことをしたことがあります」などという自己開示をして、クライエントがその体験をそれ以上見つめていくのを妨げてしまう。

このような場合にも、カウンセラーは自己開示に当たって、それが本当にクライエントのためのものなのかどうかを、穏やかに冷静に点検する必要があると思います。あわてて、あせって、自己開示に駆り立てられていないか、自分を振り返ってチェックしましょう。ただ自分の不安を和らげるために自己開示に駆り立てられているのではないか、チェックしてみて欲しいと思います。

また、カウンセラーは、**決して無理して自己開示してはいけません**。そんなことをしてもクライエントの役には立ちません。クライエントとの関係も深まりません。自ら思いついた場合にせよ、クライエントに尋ねられた場合にせよ、カウンセラーにとって言うのが怖く感じられることや恥ずかしく感じられることを、怖がりながら、恥ずかしがりながら、痛々しく告白するべきではありません。もちろん、恥ずかしい内容の体験でも、気楽にあっけらかんと告白できて、それがクライエントの役に立つと判断されるようなことであるなら、話は別ですが。

もしクライエントが、カウンセラーが答えにくいようなことを尋ねてきたときには、残念ながらその質問には答えることができないのだとはっきり伝えましょう。同時に、それはクライエントを遠ざけたいからでも、クライエントを信じていないからでもなく、カウンセリングを進めるために必要な二人の関係を守るためなのだとしっかり説明しましょう。自分にも不安感や恥ずかしさなどの感情が強く湧いてくることはあるし、そのために質問に答えることが難しいこともあるのだと伝えることが必要かもしれません。カウンセラーがクライエントに役立つような働きをちゃんと果たすためには、安心してクライエントの話に集中できる状況が確保されていることが必要です。カウンセラーが脅かされながらカウンセリングをしているのなら、そのカウンセリングは低品質なものになってしまいます。それではお金を払ってもらっているクライエントに申し訳ないことになってしまいます。

クライエントからカウンセラーの個人的なことがらについて質問されたとき、単純にそれに答えるという選択をする場合でも、そうでない場合でも、いずれの場合でも、その質問の背景にあるクライエントの心の動きについて、注意深くモニターする姿勢を持つことが大切です。

たとえば、クライエントが「○○会社に就職した方がいいか、やめておいた方がいいか、先生はどう思いますか」と尋ねてきた場合について考えてみましょう。もしそれまでの面接経過の中で、カウンセラーが、このクライエントは自分がこの人生で何を実現したいのかについて自分の中に感じる感覚を信用できない傾向があるようだと感じていたとすれば、この質問は、クライエントのそうした傾向の一つの表れとして理解できるものです。だとすれば、この場面で大事なのは、「就職した方がいい」とか「就職しない方がいい」とかいう意見を述べることよりも、この質問を、クライエントがこうした傾向に取り組んでいく機会として利用することの方でしょう。たとえば、「あなたはそのことについて自分の中に感じられる感触を信じることが難しいようですね」などとコメントするのです。

クライエントが「先生はご結婚されているんですか」と尋ねるとき、クライエントの心の中にはどんな気持ちがあるのでしょうか。クライエントは、恋人との関係についての悩みを打ち明けるかどうかを迷っているのかもしれません。そして幸せな結婚をしているような人には自分の苦しみは分からないだろうと思っているのかもしれません。クライエントは、カウンセラーに恋愛感情を抱き始めているのかもしれません。カウンセラーが自分と恋愛関係になる可能性があるかどうかを知りたいのかもしれません。クライエントは、自分が同性愛者であることを打ち明けるかどうかで迷っているのかもしれません。同性愛者であることを打ち明けたら好奇の目で見られるのではないかと不安に感じていて、ひょっとしてカウンセラーも同性愛者なのではないかという思いから、遠回しにそれを確かめようとしているのかもしれません。

カウンセリングはクライエントへの心理的な援助ですから、多くの場合、こうした質問を扱っていく上でより大事なのは、質問に答えることよりも、**質問の背後にある心の動きを理解することの**方でしょう。ですから、もし質問に率直に答える場合でも、「はい、結婚しています」とか、「いいえ、結婚していません」とか、「一度は結婚しましたが、離婚して、今は一人です」とか、カウンセラーなりに答えを与えた後で、「今、その答えを聞いてどう感じましたか」と一言付け加えることが役に立つでしょう。

でももし、この質問がクライエントにとってとても重要なもののようだと感じられるのであれば、そのようにすぐに答えを与えるよりも、まずは次のように言う方がいいかもしれません。「あなたの質問に答えたい気持ちはあるのですが、答える前に訊いておきたいことがあるのです。その質問に、私がはいと答えたら、どんな感じがしますか。いいえと答えたら、どんな感じがしますか。はいと答えるかいいえと答えるかによって、ここでのあなたの相談に何か違いが生じてきますか」。そのようにして、この質問を、クライエントの心の探究のための機会として役立てていくのです。

✤おわりに

以上、応答技法について、その代表的なものを考察してきました。あいづち一つを取ってみても、さほど簡単なことではないということがご理解いただけたでしょうか。応答技法は、カウンセラーの言葉の技術の基礎をなすものだとも言えます。実際には、カウンセラーは、こうした応答技法だけを用いてクライエントと対話しているわけではなく、もっと臨機応変に多様で個性的な言葉の反応を返しているものです。カウンセラーの言葉の技術については、さらに第6章において、考察を深めたいと思います。

第4章まとめ

本章では、主なカウンセリングの応答技法について理解を深めました。

- あいづちは乱発しない。どこであいづちを打つかとともに、どこであいづちを打たないかを考える。
- どんな声であいづちを打つかが重要である。
- オウム返しも、どこでするかとともに、どこでしないかを考える。

□喚起的な反射は、クライエントになりかわって語る一人称形式の表現、鮮明なイメージ、メタファー、臨場感のある語りなどを用いて情動を喚起するものである。
□感情の明瞭化には、解釈、暗示、教育の働きが含まれている。
□クライエントの発言内容を要約するときは、簡潔に行う。
□要約にはカウンセラーの理解が端的に反映される。
□非指示的リードも、どこでするかとともに、どこでしないかを考える。
□質問において大事なのは答えを得ることではなく、クライエントに自己探求の構えを喚起することである。
□質問はクライエントの注意を特定の方向へ差し向ける介入である。
□カウンセラーの自己開示は、それがどのようにクライエントに役立つのか、よく考えられたものである必要がある。
□カウンセラーは無理をして痛々しく自己開示するべきではない。

文　献

- グリーンバーグ L・S、ライス L・N、エリオット R（一九九三）『感情に働きかける面接技法：心理療法の統合的アプローチ』（岩壁茂訳、二〇〇六）誠信書房
- Greenson RR (1967) The technique and practice of psychoanalysis. New York: International Universities Press.

第5章 カウンセラーの声、呼吸、姿勢

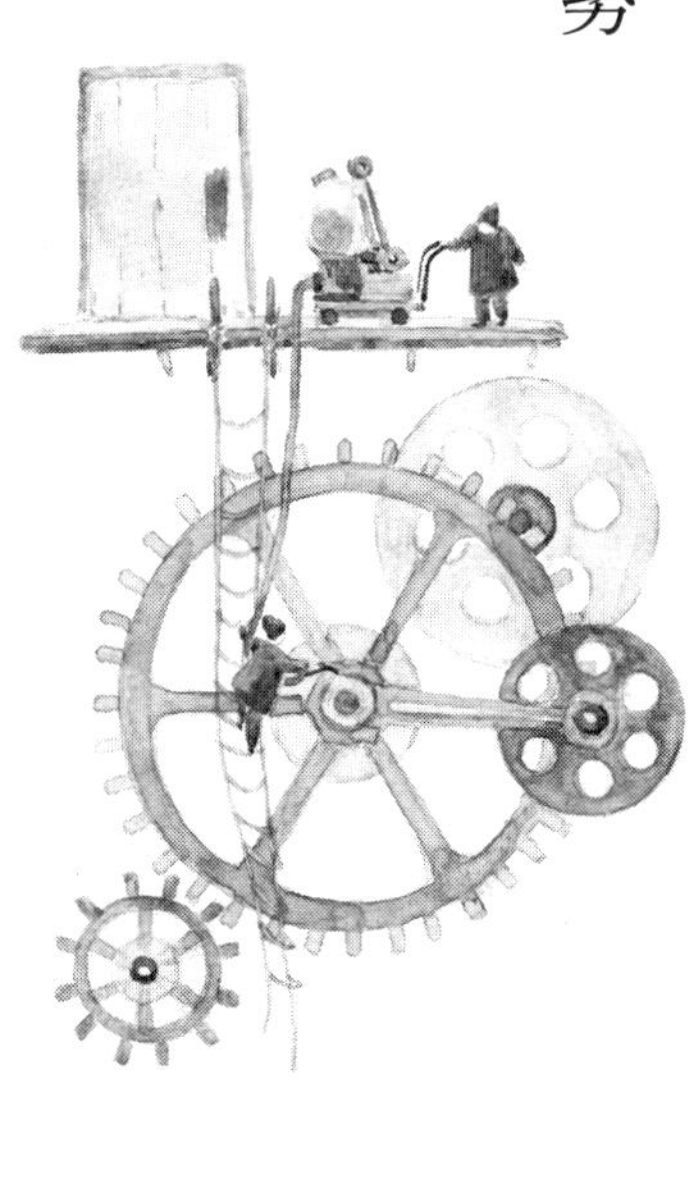

✤カウンセリングは身体的な技芸

現在のカウンセリング専門家は、カウンセリングを学問や科学といった文脈において論じる姿勢が強すぎるという印象を私は持っています。こうした専門家の姿勢は、それを意図していようといまいと、カウンセリングは、カウンセリングを高度に知的なものとする見方をもたらしてしまいます。しかし、カウンセリングは、それほどアタマでするものなのでしょうか。もちろん、カウンセリングではアタマも使います。けれども、アタマばかりを使って、考えて考えて面接をしているカウンセラーは、あまりいい仕事をしているとは私には思えません。

カウンセリングを学ぶのに、書物を読み、講義を聴くことはとても重要で有用なことだと思います。けれども、それだけでは、いくら勉強しても、よいカウンセラーになるのはほとんど無理だと思います。カウンセリングの学習には生きた人間を相手にした**体験が必要です**。実習や実践による**体験学習**がどうしても必要なのです。もし書物や講義だけから学んで、よいカウンセラーになれた人がいるとすれば、その人はその学びを日頃の家族関係や友人関係の中に持ち込み、そこで多くの試行錯誤を経験してきた人でしょう。つまりその人は生活の中で実習し

てきたのです。

自動車教習所では、生徒はまず自動車の構造や仕組み、運転の仕方を本や講義で学びます。それから、実際に運転席に座り、運転する実習を行います。最初は、一つ一つの動作を意識的に考えて行うでしょう。まずブレーキを踏んで、エンジンを始動し、それからギアを入れて、車を動かす方向の状況をミラーや目視で確認して、それから……、というふうに。けれども、こうした実習を何度も重ねるうちに、そして実際に日常的に車を運転するうちに、まったくアタマで考えることなく、自分がどんな動作をどんな順序で行っているかをほとんど自覚することさえなく、スムーズに発進できるようになっていきます。そのとき、運転についての言語的で自覚的な思考は、「身体的な知」に落とし込まれたのです。つまり、身についた身体的な技能となったのです。

カウンセリングについても同じことが言えます。ときに、カウンセリング関係の本をたくさん読んでいて、よく勉強しており、高度に専門的な学問的知識を持っている人で、実際の面接は上手でないという人がいます。こうした人は、運転の仕方についての書物はたくさん読んでいても、実際には運転できない人と似ていると言えるかもしれません。運転の仕方について書物をたくさん読んでいて、でも運転できない人なんて、現実にはまず存在しないでしょう。そんな人はほとんど想像できません。けれどもカウンセリングについて高度の専門知識を持っていて、実際にはうまく実践できない人は、現実に存在しているのです。

別に私はここでそういう人を侮辱したいわけではありません。そういう人から学ぶことはたくさんあります。ただ、カウンセリングについての知的で抽象的で言語的な理解と、カウンセリングの実践とは、違ったものだという事実を指摘したいのです。そして、その違いの一つは、**その知の身体性の程度**にあるということを指摘したいのです。

私は、カウンセリングに知性は必要ないと言っているのではありません。まったくそんなことはありません。カウンセリングを身体的な技芸だと主張することは、カウンセリングは知性とは無関係だと主張することとは違います。スポーツや音楽は身体的な技芸の代表ですが、オリンピック選手やすぐれた音楽家に知性は不必要だなどと言えば、まったくの錯誤であることは明らかです。ただ、その知性は、無自覚的に、非言語的に、具体的な行為に体現されて姿を現すような、そういう知性なのです。哲学者の中村雄二郎さん（一九九二）が「臨床の知*」とか「演劇的知」とか呼んでいるような種類の知性です。

✤声の重要性について

カウンセリングを身体的な技芸と見なすとき、私がまず第一に取り上げたいのは、**カウンセラーの「声」**です。カウンセリングにおける声の重要性は、不当なまでに小さな注目しか受けてきていません。たとえばカウンセリングの事例検討会*でも、カウンセラーの発言の内容の適切性やその効果については、よく話題に取り上げられます。しかし、それをどんな声で言ったかが取り上げられることなどほとんどありません。現実には、同じ言葉も、どんな声で言ったかによってまったく違った効果をもたらすのです。私は、自分自身の経験から、言葉の内容よりも、その言葉をのせている声の方が、はるかに大きな影響力を持っているということを知っています（コラム5－1）。

演出家の鴻上尚史さんは、一般の人に向けた著書の中で、多くの人がスピーチの内容については一生懸命に考えて良いものにしようと努力するけれども、そのスピーチを行う際の声についてはまったく考慮していないのは残念なことだと述べています。そして、内容は大して優れていないにもかかわらず、声の魅力でけっこう聞かせてしまうスピーチもあるし、内容の切れ

臨床の知
哲学者の中村雄二郎氏は、近代社会において自然科学が強力なパワーを持つようになる中で見失われつつある伝統的な知のありかたを、臨床の知と呼びました。科学の知が普遍性、論理性、客観性を特徴としているのに対して、臨床の知はコスモロジー、シンボリズム、パフォーマンスをあわせて体現しているものとされています。

事例検討会
カウンセラーの研修の中心的なものに事例検討会があります。参加メンバーの一人が自分の担当したカウンセリング事例（ケースともいいます）を発表し、みんなでそのカウンセリングについてさまざまな角度から討議する会です。事例の発表においては、固有名詞や地名など、個人が特定される可能性の高い情報は伏せますし、参加メンバー全員がそこで聞いた内容についての秘密を守ります。カウンセリングは、標準的には密室で行われるものですから、不健全な実践がなされていても誰にも知ら

味はさほどよくなくても、声が魅力的であるために説得されてしまう演説もある、といったことに注意を喚起しています（鴻上、二〇〇三）。歌詞の内容はもうひとつでも、ボーカリストの声の魅力で惹きつける歌もありますよね。

カウンセリングも同じです。事例検討会のレジュメや逐語記録*に書き起こされた言葉だけを見れば、その内容はまるで拙いのに、なぜかクライエントが安心し、自己肯定的になり、気づきを深め、前向きになっていく。そういう事例発表に出会うことがあります。そういう事例発

コラム5-1

声に関して、興味深い研究があります。ナリーニ・アンバディら（二〇〇二）は、診察中の医師の声について調べました。彼女らは診察中の医師の声を録音し、何を言っているのか、話の内容は聞き取れないように、しかし医師の声の特徴は残すように、録音データを加工しました。

そのように加工された録音データを、医師の経歴や能力などを知らない複数の評定者に聞いてもらい、その印象を評定してもらいました。すると、診察時の声が、「支配的である」「患者を気遣っていない」と評定された声の主は、過去に患者から訴訟されたことのある医師であることが多かったのです。

この研究は、支配的な声や、気遣いを伝えないような声で患者に話しかけることが、患者との信頼関係を損ね、医学的な能力や経歴とはまったく別の次元で、医療訴訟を引き起こす要因となりうることを示唆しています。

れません。事例検討会という場において実践が公表され討議されることは、カウンセラーの研修のためだけでなく、カウンセリング実践の健全性を担保するためにも重要なものです。

逐語記録
カウンセリングの訓練において、カウンセラーは、自分が行ったカウンセリングを振り返って検討するために、しばしば、カウンセリングを録音し、その内容をすべて文字に書き起こします。このように、カウンセリングの内容を、一言一句、文字にした記録を逐語記録と言います。

表をする人の声は、まず間違いなく、どこか魅力的で、温かみがあります。カウンセラーの声に、クライエントに対する思いやりや気遣い、慈しみ、優しさなどが宿っていれば、言葉の意味内容とはまったく離れた次元で、クライエントには自分の存在を肯定する温かなメッセージが伝わるのです。逆に、レジュメにある文字情報を読めば的確な見立てに基づいた鋭い解釈をしているように読めるのに、まったくクライエントが改善しない、という事例発表に出会うこともあります。そういうカウンセラーの声には、知的で、平板で、ときには冷たい響きがあることが多いように思えます。

声は、その人の存在感を伝えます。その人のありようを伝えます。聞き手を前にしたときの話し手のありようを伝えます。つまり、話し手が、目の前にいる聞き手のことをどう思っているのかを伝えるのです。言葉はしばしば偽りを含みますが、声はさほど嘘をつけません。カウンセリングにおいて、声ほど重要な要素が他にあるでしょうか。カウンセラーはカウンセリング中の発言に際しての自分の声に繊細な注意を払う必要があります。また、普段から自分の声に関心を持ち、声の表現力を高めるよう取り組むべきです。

演出家の安井武さんが、声について、主に役者さんに向けて書いた次の文章を読めば、カウンセラーにとっても声への気づきがいかに重要なものかが理解できると思います。少し長くなりますが、ここで紹介しておきましょう。

声を出すための力みがあると、声帯周辺は緊張し、音声の通路を圧迫します。そうすると、振動が下の共鳴腔である胸のほうへ下りて行くことが妨げられるので、喉から上の部分に限定され、頭部の共鳴を使いすぎることになります。その声は高い金属的な質をもっていますから、よく通るし、自分の耳で聞くかぎりはよく響いているように感じます。しかし、他人の耳には、か細くて軽く、温かみに欠け、ときにはカン高く耳ざわりな声に聞こえます。

喉の緊張は、男らしい落ち着いた声を出したいという欲求と結びつくことがあります。そのときには、喉の奥を押し下げることになり、声は胸の共鳴だけを使った、太くて低いぼんやりした一本調子になります。上のほうの共鳴腔から生まれる艶や陰影に欠けることになります。

また、喉を使いすぎると、舌の付け根と軟口蓋の隙間が狭くなり、声は鼻のほうへ追いやられ、口腔の共鳴がなくなり、鼻腔とその周辺の共鳴が中心になります。鼻にかかった声は高慢な印象を与え、表情が乏しく繊細さに欠け、よく通るかもしれませんが、言わんとすることが正確に伝わりません。

以上が歪んだ共鳴反応の典型的な三つの側面ですが、もっと詳しくみれば、各部分の緊張は微妙に絡まり合っています。骨盤の角度によっては胸の筋肉が緊張し、それが呼吸を妨げて喉が緊張することもあります。また、骨盤の角度は、頭の支え方にも影響します。頭の支えがよくないと、首筋の筋肉が過度に緊張し、それは声帯の調節に悪影響を与えます。共鳴は、意識的な筋肉操作によってもコントロールできますが、内的欲求との生きたつながりが切れると、技巧が目立って真実との距離は遠ざかります。（安井、一九九一）

クライエントが、カウンセラーに共感的に理解されたと感じるとすれば、それはカウンセラーの声がふさわしい情感を伝えるものであるときでしょう。カウンセラーの声は、温かさや信頼感や豊かなニュアンス感を伝えるものであって欲しいです。乾いた声、冷たい声、拒絶的な声ではなくて。もちろん、深く考慮された援助計画の下にそうした声を意図的に用いるのなら話は違いますが。

声を改善するためには、姿勢を整え、呼吸を整え、よけいな筋緊張を解くことが重要です。

臨床動作法＊、アレクサンダー・テクニック＊、フェルデンクライス・メソッド、フォーカシング＊、ヨーガといった、身体への気づきを高めるレッスンを自ら実践することはとても助けになるでしょう。声は呼吸を基礎としたものですから、呼吸に関心を持ち、何らかの呼吸法を実践することも役に立つと思います。何もそれらの専門家になる必要はないのです。ほんの少しだけでも、声、呼吸、姿勢について関心を持ち、簡単な訓練を心がけるだけで、あなたのカウンセリング実践には大きな違いがもたらされるはずです。

もちろん私は、カウンセラーが心の中ではクライエントを冷笑しながら、表面的に温かい声を演出する、といったことを奨励しているわけでは決してありません。ただ、心が共感的でも、それが声に豊かに表れていなければ、伝わらないと言いたいのです。

「心が共感的でさえあれば、訓練などしなくてもそれは自然に声に表れるはずでは」と思っている方もいるかもしれません。しかし、もし本当にそれが事実であるならば、物語を生み出した作家こそがその作品の最高の朗読家になるはずです。

いかに声を訓練しても、存在しない思いを表現することはできません。伝えたい強い思いがあるからこそ、声を磨く必要があるのです。

✤声の可能性を知る

ではここで、声についてあらためて考えてみましょう。声が持つ表現力の可能性についてよく知ることが大切です。声の表現とは、声の何が変化することによって生じるのでしょうか。いろいろなことが言えると思いますが、ここでは演出家の鴻上さんの考えを紹介してみましょう。

臨床動作法
成瀬悟策先生が二〇世紀末頃に創始された日本生まれの心理療法です。クライエントの動作や姿勢という身体的なあり方に注目し、具体的な動作課題への取り組みを通して援助することを特徴としています。

アレクサンダー・テクニック
アレクサンダー・テクニックは、心身の反射的・自動的で不必要な反応に気づきをもたらし、それをしないでおく学習を促進することを通して、心身の潜在力を解放していく体系的な方法です。俳優であったフレデリック・マサイアス・アレクサンダーが二〇世紀の初頭に提唱したものです。特に、頭と首と背中の関係に注目することに特徴があります。俳優、ダンサー、音楽家、スポーツ選手の訓練に用いられたり、リハビリテーションで用いられたりすることが多いようですが、単に身体的な訓練というわけではなく、身体的な気づきを通した心身のセラピーという性質を強く帯びています。

鴻上さんは、声の表現の基本的な変数として、次の五つを挙げています（表５－１）。

まずは、声の大きさです。音量とか、ボリュームとか言っても同じです。

次に、声の高さです。音程とか、ピッチとか言うこともあります。

それから、テンポです。鴻上さんは、テンポを、速さと間《ま》の二つの変数に分解して考えています。速さというのは、話すときの速さ、つまり、それぞれの言葉を早口で話すか、ゆっくりまったり話すか、ということです。間というのは、言葉と言葉の間にどれくらいの空白を取るか、ということです。つまり、早口であれ、ゆっくりまったりであれ、話されている言葉と次の言葉との間に、どのくらいの空白の時間を空けるか、ということです。速さと間という二つの変数の組み合わせによって、単位時間あたりの発話量が決まってきます。ですから、この二つがテンポの変数とされているのです。

そして最後に声色（音色、トーン）です。猫なで声、硬い声、だみ声、などなどがそれです。

以上五つが鴻上さんの挙げた声の表現の主要な変数ですが、私はこれに抑揚（イントネーション）を加えたいと思います。抑揚は、主に声の高さの変化の連なりによって生じます。音楽的に言えばメロディーですね。

細かく言えば、他にも、アクセント、リズム、滑舌（アーティキュレーション）など、いろいろな変数が挙げられますが、大きくは六つとしておきましょう。

カウンセラーとしての能力を高めたいと思うのであれば、こうした理解を前提として、会話における声をよく観察してみて欲しいと思います。相手の声も、自分の声も、よく観察してみてください。これらの変数を念頭に置いて観察すれば、何の観点もなく観察するよりも、ずっと観察力がアップするはずです。そのようにあらためて声に注目してみると、それまでとは何か違ったことに気がつくのではないでしょうか。

これまでに何度か述べてきたように、カウンセリングにおいては、カウンセラーは、話され

フォーカシング
カール・ロジャースと共に心理療法を研究してきたユージン・ジェンドリンが提唱した心理療法です。フォーカシングでは、クライエントの、いまここで身体に感じられていること（フェルト・センス）に焦点を当て、探究していきます。カウンセラーは、クライエントとのやり取りを通して、クライエントがフェルト・センスをじっくりと感じ、その感じと対話するのを助けます。そして、それによってその感じが自然に変化していくことを助けます。

表5-1　声の表現における５つの要素
（鴻上、2003）

大きさ（音量、ボリューム）	
高さ（音程、ピッチ）	
テンポ	速さ
	間
声色（音色、トーン）	

ている言語的な内容を聴くのとは別の次元で、相手の音声を聴いています。

モネ、ルノワール、シスレーら、印象派の画家たちは、物の「形」を描くのではなく、「光」を描きました。カウンセラーが話の「内容」とは別の次元で、その「声」を聴くというのは、それとどこか似ていると思います。

そのような聴き方においては、聴き手は、相手の声を感じ、味わいます。その声を自分の心に迎え入れ、その声の持つ影響力に自分を開きます。その声が自分の心のひだに触れるのを許します。そうしながら、心に感じられることを、感じられるがままに感じます。相手の声に心を開き、それがどんな感じを引き起こすとしても、その感じを味わうように聴くのです。

もちろん、実際のカウンセリングにおいて、相手の声を聴くあまり、話の内容が分からなくなり、話についていけなくなるようでは困ります。話の内容を聴きながら、同時に、相手の声を聴くように、その二つを両立させながら聴くのです。

私の職場や自宅に、セールスの電話がかかってくることがあります。ほとんどの場合、受話器を上げて耳に入ってくる最初の声で、セールスの電話だと分かります。内容を聴く前に、声だけで分かるのです。馴れ馴れしさと強引さとがミックスされたような声、明るく親しい印象を装って作られた声です。

授業をするときの先生の声にも特徴があります。よく通る大きな声、普遍的に正しいことを教えているという自信を伝える声、誰か一人に話しかけるのではなくてみんなに平等に向かう声です。

このように、職業上、毎日、長時間にわたって特定の特徴的な声を用いている人は、カウンセリングの場面でも（他の生活場面でも）、仕事で使っているのと同じ声ばかりになっていることがあります。

実際、学校の先生で教育相談に取り組んでいる人たちの集まりで、ロール・プレイ（役割演技）を含む研修を行うと、教室で教えているときの声とほとんど同じ声でカウンセリングをしている方がいるのに気がつくことがあります。面接室で一人を相手に話しているにしては不必要に大きな声。戸惑い、迷い、気遣いといった繊細な揺らぎを伝えない声。パーソナルな親しさを伝えない声。まずはそうした声に気づくことが大切です。

先に紹介した演出家の鴻上さんの本（二〇〇二、二〇〇三）には、声に関するさまざまな興味深いレッスンが紹介されています。これらはカウンセラーにとっても非常に役に立つものです。たとえば、いろいろな声で台詞を言うレッスンがあります。こうしたレッスンに取り組むことは、ふだん人と話しているときの自分の声、そしてカウンセリングを行っているときの自分の声に、どのくらいのヴァリエーションがあるかをあらためて振り返るよい機会となるでしょう。そうしたレッスンでは、ふだん自分が絶対に使わないような声にも出会うことでしょう。そうした声を十分に試してみた上で、「なぜ自分はその声をふだん絶対に使わないのだろうか」と考えてみれば、そこから何か興味深い発見がもたらされるかもしれません。

こうした体験は、カウンセラーとしてのあなたの能力を高めるために非常に役立ちます。けれども、現在、カウンセリングの訓練において、このように声に注目したレッスンを行い、声に対する気づきと感受性を高めるということは、ほとんどなされていないように思います。

アメリカにおける精神分析の発展である、対人関係学派をリードしたハリー・スタック・サリヴァン（一九五四）は、カウンセラーの声の重要性に注目した数少ない論者の一人です。サリヴァンは、カウンセリングはしばしば言語的な（ヴァーバルな）コミュニケーションの場だと思われているが、それは実は重大な思い違いであって、実はカウンセリングは何よりもまず音声的な（ヴォーカルな）コミュニケーションの場なのだ、と述べたのです。

サリヴァンがこの発言をしたのは半世紀以上も前のことです。この発言はしばしば引用され、かなりよく知られているものですが、残念ながらその発言が真に含んでいる革新性は現在においてもなお十分に認識されているとは言えません。もしこの発言の意味するところが真剣に汲まれてきたならば、カウンセラー養成の標準的な訓練において、声に対する気づきを高めるレッスンが必ず含まれるようになっていたはずです。

✤さらに声について知る

声について、もう一点、ぜひ知っておいていただきたいことがあります。

みなさんは、声をどこで出していますか。あるいは、もっと正確に言うと、声をどこで出していると考えていますか。

多くの方は、「のどで出している」と考えているのではないでしょうか。少なくとも、私自身は、声について多少なりとも研究してみるまで、単純にそう考えていました。空気がのどを通るときに声帯を震わせる、それが声だ、だから自分は声をのどで出している、そう考えていたのです（図5－1、図5－2）。

たしかに、これは間違った答えではありません。しかしまた同時に、これは部分的にしか正しくない答えなのです。

たしかに、声の音源は声帯にあります。しかし声は声帯だけから出ているわけではありません。声帯から出た音をどう響かせるかということが問題なのです。声のかなりの部分は、共鳴によって身体から出ているのです。胸の共鳴、口腔の共鳴、鼻の共鳴、頭の共鳴など、多くの部分が共鳴することによって、声は出ているのです。

ギターやバイオリンのようなアコースティック楽器を思い浮かべて下さい。これらの楽器の音源は弦にあります。しかし、弦だけではほんの小さな音しか出ませんし、あまりいい音も出ません。たぶんみなさんはアンプを通さないエレキギターの音を聴いたことがあるでしょう。とてもシンプルな音色の小さな音しか出ませんよね。アコースティック楽器の音を決めているのはほとんど胴体部分の共鳴なのです。胴体部分の形や大きさ、木の材質、塗装のニスの成分によってさえ、音はかなり変わるのです。安物の弦を高級な弦に張り替えればたしかに音はよくなりますが、それは、楽器本体が持つ響き具合が決める違いに比べればわずかな違いに過ぎません。

人間の場合はどうでしょうか。人間もつまりはアコースティック楽器の一種だと考えることができます。もしあなたがあなたの身体の大きな共鳴洞の一つである胸をカチカチに緊張させているとしたら、それはギターの胴体をガムテープでぐるぐる巻きにしたのと同じようなものだと言えるのです。それではいい音は出ないでしょう。肩の筋肉や顔面の筋肉を緊張させていても同じです。

「声はのどで出している」と考えている人は、大きな声を出すことが必要な場面になると、のどに力を入れ、胸やおなかにも力を入れて、たくさんの空気を一気に押し出して、声帯を大きく震わせることが必要だと考えがちです。そうするとたしかに音源的には大きな音になるでしょう。けれども、いくら音源的には大きな音でも、よい響きがないのであれば、その効果はあまりパッとしないものになるでしょう。その上、すぐに声がかれてしまうでしょう。むしろ、のどや胸の力を抜いてリラックスさせ、よい響きを作り出すことの方が、はるかに重要なのです。その方が大きく豊かな響きが得られるからです。

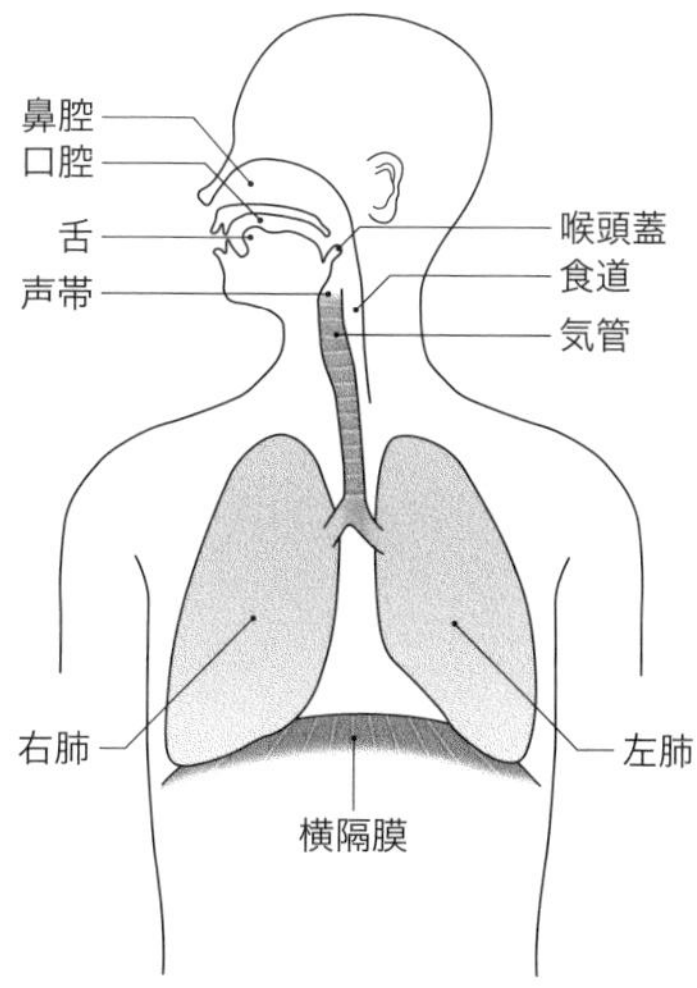

図5-1

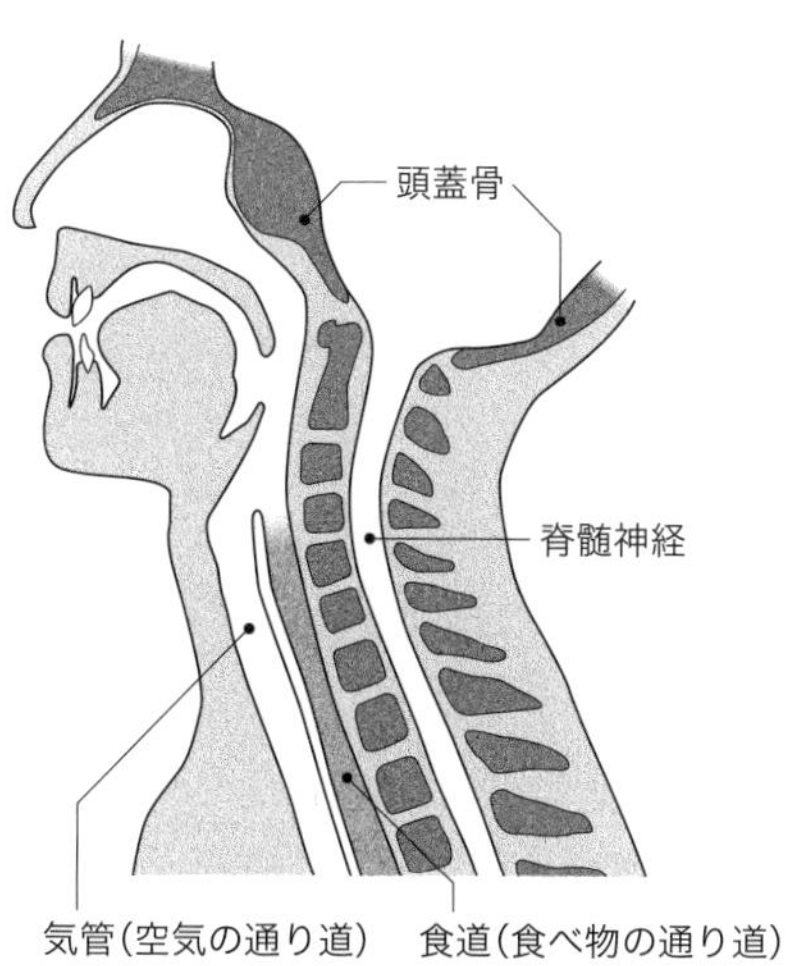

図5-2

豊かに響く魅力的な声、穏やかで深い声には、リラックスした身体が必要です。そのためには深い呼吸が必要ですし、上体の筋肉にあまり負担をかけず、共鳴洞をゆったり広げる姿勢が大事です。

自分の声をあらためて観察してみて、声に力がないと感じた人、声に豊かな響きがないと感じた人は、リラクセーションの方法を学び、よけいな筋緊張を緩めるようにしていくとよいでしょう。

✤呼吸について

声は呼吸を基礎としています。落ち着いた声には落ち着いた呼吸が必要です。深い声には深い呼吸が必要です。声を豊かにするには、呼吸を豊かにすることが必要なのです。呼吸は自律神経系の作用を整える上での要です。古来より、ヨーガ、禅、瞑想、太極拳など、あらゆる精神的かつ身体的な修行において、呼吸は常に重要な要素となってきました。

カウンセリングが、ときにクライエントの強い情動表現にさらされながらも、精神的な集中力や落ち着きを保っていることを必要とするものであるなら、現在のカウンセリングの訓練において呼吸がほとんど取り上げられていないことは奇妙なことだと言わねばなりません。カウンセリング中のカウンセラーの呼吸の状態について、もっと精力的に研究がなされてしかるべきだと思います。おそらく、優れたカウンセラーは、緊張感をはらんだ面接場面においても、深くゆったりした呼吸をしているのではないかと思います。

さて、カウンセリング中には、あなたはどのように呼吸しているでしょうか。あらためて振り返ってみてください。緊張をはらんだ場面で、息を詰めていたり、身体を固くして浅い呼吸をしていたりしないでしょうか。呼吸は情動状態と密接に連動しています。呼吸を通して情動をモニターし、情動の手綱を取ることを覚えましょう。強い情動に圧倒されず、自分を失うことなく強い情動に触れていられるためには、姿勢とともに、呼吸はとても重要な要素です。

啓蒙的・教養的な書籍のジャンルで数多くのベストセラーを生み出している斎藤孝さんは、呼吸法についても優れた啓発書を書いておられます（斎藤、二〇〇三）。その本の中で斎藤さんは、長年にわたって日本人は、臍下丹田（へそから拳一つ分ほど下の下腹）を意識した腹式呼吸を鍛える伝統的文化を培ってきたけれども、戦後、その文化を急速に失ってしまったと述べています。

下腹をふくらませながら、臍下丹田に向かって息を吸い、臍下丹田から息を吐くようなイメージを持ちながら腹式呼吸を実践することで、その人には少々のことでは動じないような精神的な強さが身についてきます。そうした人は、胆《はら》が練れているとか、胆力《たんりょく》がある、などと形容されてきました。この胆力というものは、カウンセリングを実践する上で、とても役立つものだと思います。戦後、急速に失われたこの胆力の文化を、呼吸法の実践を通して復興していきましょう。それはあなたのカウンセリング実践を高める役に立つことでしょう。

早口でせわしなく、自分の感情には触れずに、説明的な話ばかりをまくしたてるクライエントがいます。ちょっとしたことですぐに不安に取り憑かれてあせってしまうクライエントがいます。自分に自信がなく、常に自己否定、自己疑惑、自己憐憫を伝えるような話ばかりするクライエントがいます。こうしたクライエントの呼吸をよく観察してみると、慢性的に浅く速い胸式呼吸になっているのが見られることがしばしばあります。

このようなクライエントに深い腹式呼吸のレッスンに取り組んでもらうと、最初はなかなか腹式呼吸の要領がつかめず、難しいことが多いです。けれども、毎日ほんの数分でもじっくり取り組んでいくと、面接時の印象が落ち着いてくることが多いのです。

カウンセラーも同じです。落ち着いて穏やかにクライエントの話を聴き、また落ち着いて穏やかに自分の心の声を聴く。そのためには、深い呼吸が助けになるのです。呼吸については、すでに挙げた鴻上さんや斎藤さんの本をはじめとして、たくさんの本が出ています。それらの本には、それぞれさまざまな呼吸法のレッスンが収められています。ぜひ取り組んでみてください。

✤姿勢について

声、呼吸と来れば、次は姿勢です。

プロのカウンセラーは、一日の大半をソファに座って過ごします。その上、クライエントによっては、そして面接経過の局面によっては、ソファの上で、かなりの緊張を強いられるようなこともしばしばあります。クライエントの体験したつらい話や苦しい話を聴くとき、クライエントから不満や怒りをぶつけられるとき、カウンセリングの進め方について難しい判断を迫られるとき、などなど。そんな労働条件のためか、カウンセラーの中には、腰痛を患う人もしばしば見受けられます。

クライエントの話を聴くとき、カウンセラーは、特定の筋肉を慢性的に緊張させ続けたり、姿勢を長時間がっちりと固めたりしていてはいけません。固まった姿勢は、浅い呼吸と平板な声をもたらしがちです。そうした姿勢はまた情動の幅をも狭めてしまいます。何より、柔軟で創造的な発想を妨げます。

ただ動かずに椅子に座っているだけの静かな姿勢だとしても、「固定的」にはならないで。その静かな姿勢は「動的な（ダイナミックな）」もの、瞬間、瞬間に常に新たに生み出されるバランスによるものであって欲しいのです。

姿勢の基本は背骨にあります。そして、椅子に座った姿勢の基本は骨盤の傾きにあります。骨盤の傾き具合が背骨のカーブのありようを大まかに決定するからです。骨盤の傾きや、背骨のカーブのありようは、カウンセラーの精神的な張りや緩みを表現するものであると同時に、それを制御するものでもあります（図5－3）。

面接の局面によっては、カウンセラーには、ゆったりとリラックスしていることが求められます。そんなときには、深く腰掛け、骨盤をやや後ろに傾けて、背もたれに身を任せて座っているかもしれません。また、面接の局面によっては、カウンセラーには、精神的な張りをしっかりと持って自分を支えていることが必要です。そんなときには、浅く腰掛け、骨盤を立てて、おしりの重心から頭のてっぺんまで、すっとしなやかなS字状の軸が通っているように腰掛けているかもしれません。背骨が反るように力みすぎることもなく、かといってだらりと緩みすぎることもなく、あごが上がりすぎることもなく、引かれすぎることもなく、しゃんと伸びた美しくしなやかなS字カーブの背骨です。

面接中の自分の姿勢に繊細な気づきを持てるとよいと思います。そのためには、日頃から、姿勢に対する感受性を高めておくことが必要です。ヨーガ、動作法、アレクサンダー・テクニック、フェルデンクライス・メソッドなどに親しめば、多くを学ぶことができるでしょう。興味のある方は、章末の参考図書に当たってみて下さい。これらの方法が提供するさまざまなレッスンを通して、姿勢への気づきを高め、筋肉の緊張への気づきを高め、しなやかな身体の使い方を学ぶのです。それはあなたのカウンセリング実践を土台から支えます。

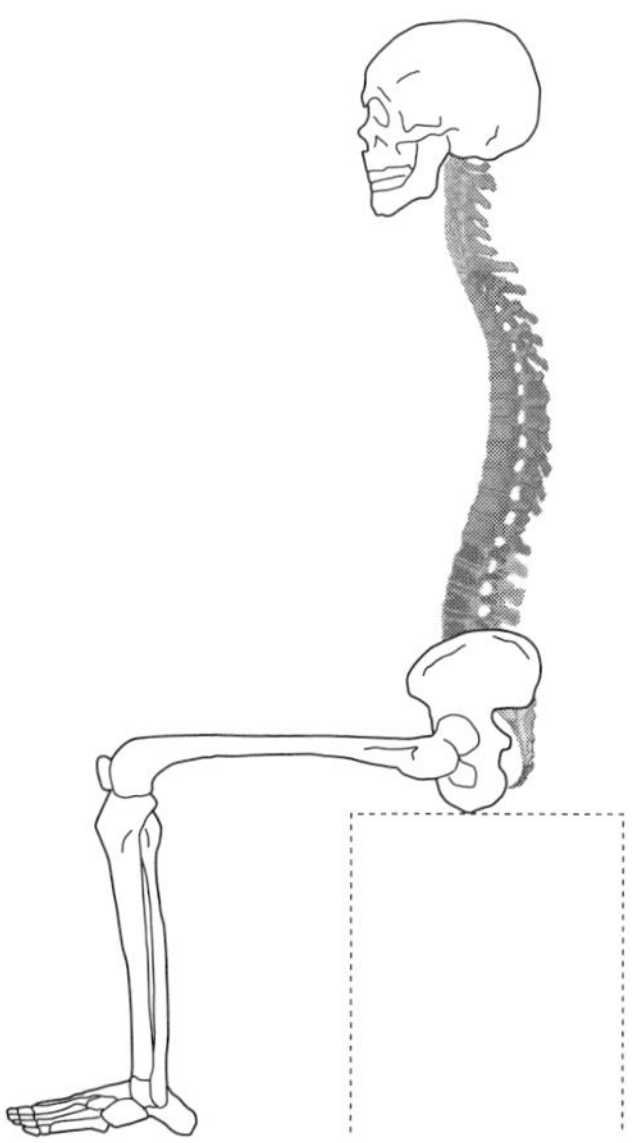

図5-3　座位骨格

最後に、アメリカに禅を紹介した有名な禅僧である鈴木俊隆老師の言葉を紹介しておきたいと思います。鈴木老師は、座禅における座り方の姿勢の要領を説明した後、次のように述べています。

この姿勢は、正しい心の状態を得るための手段ではありません。このような姿勢を取ることそのものが正しい心の状態なのです（鈴木俊隆、一九七〇）。

姿勢について考える上で、意味深い言葉だと思います。

✤おわりに

本章では、カウンセリングの実践において重要なものとして、声、呼吸、姿勢を取り上げました。そして、カウンセラーにとって、声や呼吸や姿勢に関して、実際に身体を使って体験的に学んでいくことが重要であることを述べてきました。従来のカウンセリングの訓練においては、こうした観点はほとんどまったく取り上げられてきませんでした。それは、カウンセリングを身体的な技芸として見る観点がほぼ完全に欠如していたからだと思います。私は、こうした身体的教養を高め、こうした面での感受性を高めることによって、カウンセラーとしての技量はとても高められると考えています。

こうした身体的教養は、日々、身をもって実際に体験的なレッスンを実践していくことによってしか高められません。こうしたレッスンの効果を理解することや、こうしたレッスンがなぜ大事なのかを理解することは、知的教養を高めることにはなるかもしれませんが、身体的教養を高めることにはなりません。実際に、日々、実践し続けることです。

頭のよい、知的な人は、特に注意して下さい。頭で理解して、満足して、それで終わり、というのでは何にもなりません。「実践することが大事だと理解すること」と、「実践すること」とは、完全に別のことだということを理解して欲しいのです。単に頭で理解するだけではなく、**その理解を体現した存在として生きていただきたい**のです。

第５章まとめ

本章では、カウンセリングを身体的な技芸として捉える観点から、カウンセラーの声、呼吸、姿勢について考えてみました。

- カウンセリングにおいては、アタマで考えたことや、言葉にして伝えられた内容よりも、身体全体で感じていること、身体全体の表現によって伝わることの方が、ずっと重要である。
- カウンセラーは、声、呼吸、姿勢について、普段から自らの体験を通してよく知っておくことが大事である。
- カウンセリングを効果的に進めるためには、カウンセラーが、カウンセリング中の自分の声、呼吸、姿勢に繊細な気づきを向けるとともに、それらを効果的に制御することが役に立つ。
- カウンセリングの知は身体化された知であり、カウンセリングの実践は身体的な技芸である。

文献

- Ambady N, Laplante D, Nguyen T, Rosenthal R, Chaumeton N & Levinson W (2002) Surgeons' tone of voice: A clue to malpractice history. Surgery, 132, 5-9.
- エマーソン D＆ホッパー E（二〇一一）『トラウマをヨーガで克服する』（伊藤久子訳、二〇一一）紀伊國屋書店
- 河合隼雄、鷲田清一（二〇〇三）『臨床とことば：心理学と哲学のあわいに探る臨床の知』TBSブリタニカ
- 鴻上尚史（二〇〇二）『発声と身体のレッスン：魅力的な「こえ」と「からだ」を作るために』白水社
- 鴻上尚史（二〇〇三）『あなたの魅力を演出するちょっとしたヒント』講談社文庫
- リース M、ゼメック-バースン D、バースン K（一九九〇）『フェルデンクライスの脳と体のエクササイズ：健康とリラックス、フィットネスのためのらくらくエクササイズ』（かさみ康子訳、二〇〇五）晩成書房
- 中村尚人（二〇一〇）『ヨガの解剖学：体感して学ぶ　筋肉と骨格でわかる、アーサナのポイント＆ウィークポイント』BABジャパン
- 中村雄二郎（一九九二）『臨床の知とは何か』岩波新書
- 成瀬悟策（一九九八）『姿勢のふしぎ：しなやかな体と心が健康をつくる』講談社ブルーバックス
- 成瀬悟策（二〇〇一）『リラクセーション：緊張を自分で弛める法』講談社ブルーバックス
- 斎藤孝（二〇〇三）『呼吸入門』角川書店
- 佐藤綾子（二〇一一）『医師のためのパフォーマンス学入門：患者の信頼を得るコミュニケーションの極意』日経BP社
- サリヴァン H・S（一九五四）『精神医学的面接』（中井久夫ほか訳、一九八六）みすず書房
- 鈴木俊隆（一九七〇）『禅マインド　ビギナーズ・マインド』（松永太郎訳、二〇一〇）サンガ
- 梅田規子（二〇一一）『ことば、この不思議なもの：知と情のバランスを保つには』冨山房インター

ナショナル
・綿本彰（二〇〇四）『瞑想ヨーガ入門』実業之日本社
・安井武（一九九一）「俳優のレッスンについて　(3)声のレッスン」テアトロ No.583、一二二～一二八頁、カモミール
・米山文明（二〇一一）『声の呼吸法：美しい響きをつくる』平凡社ライブラリー

第6章 カウンセラーの話す技術

✤カウンセラーも話す

本書も含めてのことですが、カウンセリングの入門的テキストの多くにおいて、クライエントの話を聴くことの重要性が強調されています。私の見方では、多くの入門的テキストにおいて、この強調はしばしば過剰なものとなりがちです。中には、カウンセリングとはすなわち傾聴術にほかならないとする見方すらあるように見受けられます。こうした状況は、カウンセリングを学ぶ人の多くに、カウンセリングとは話を聴くことだという過度に単純化された見方を誘導しているように思われます。

もちろん、カウンセリングにおいてクライエントの話を聴くことはとても重要で基本的なことだということ、そしてそれは簡単なように見えて実は非常に高度な技術なのだということは、確かなことです。その点について私に異論があるわけではありません。

問題は全体的なバランスにあるのです。

カウンセリングは話を聴くことだと単純に捉えてしまうと、カウンセリングは「クライエントが話して、カウンセラーが聴く」ものだということになってしまいます。そのような捉え方

のもとでは、カウンセラーも話すということが、ほとんど注目されなくなってしまいます。それでは、カウンセラーの話し方の技術が磨かれることもないでしょう。

現実には、カウンセラーも話します。カウンセラーが、面接中ずっと一言も話さないままで終了するカウンセリングなど、まず存在しません。カウンセラーは何か話すものです。そしてその話し方がとても重要なのです。言葉遣い、言い回し、タイミング、声、表情、姿勢、視線などが重要です。伝えようとするメッセージの概念的な内容の着想はよくても、それを実際に伝えるときの話し方が拙ければ、カウンセリングはまったくうまくいきません。

カウンセラーの応答技術を取り上げた第4章は、この問題と関わりがあります。本章では、カウンセラーの話す技術についてさらに発展させて考えてみましょう。

✤聴くことは情報の受け手になること？

具体的な言葉の技術について考える前に、まずはもっと基本的なことを押さえておきたいと思います。

まず第一に、カウンセリングにおいて、カウンセラーがクライエントの話を聴くとき、カウンセラーは情報の受け手になっているだけなのか、ということです。

カウンセリングを聴くことだと捉える見方に立つとき、聴くという言葉の常識的な意味に縛られて、カウンセラーが実際にしていることが見えなくなりがちです。聴くという言葉は、通常、相手から発せられる音声的・言語的な情報を受け取る役割を取ることを意味します。そのため、こうした捉え方に立つと、カウンセラーがクライエントの話を聴いているとき、実際には**カウンセラーが情報を発している**ということがほとんど見えなくなってしまうのです。

カウンセリングにおいて、カウンセラーがクライエントの話を聴くとき、たとえカウンセラーが一言も発さずに話を聴いているだけであったとしても、**カウンセラーはクライエントにメッセージを発している**のですし、**情報を与えている**のですし、**影響を与えている**のです。メッセージや情報が与えられる道筋は、非常に微妙で、あからさまには見えにくく、気づかれにくいものではありますが、だからといってその影響力は決して小さいものではありません。

ほんのかすかな表情の変化、姿勢の変化、視線の投げ方、微妙なうなずきのポイントなどが、クライエントに大きな影響を与えます。たとえば、どこでうなずき、どこでうなずかないか、ということによって、カウンセラーはクライエントに自分が何に関心を向けていて、何に関心を向けていないかに関する重要な情報を伝えています。かすかな表情の変化によって、クライエントの話のどこに情動的に揺さぶられ、どこに揺さぶられないかに関する重要な情報を伝えています。クライエントの話を信じているか、疑っているかについての重要な情報を伝えています。

こうした微妙なやり方によって伝わるメッセージにも強力な影響力があるということについては、もう何十年も前に、社会心理学の実験ではっきりと実証されています（コラム6－1）。こうした実験が示した知見に基づけば、カウンセラーが特に何も言わずにただ聴いているだけであっても、カウンセラーはクライエントに大きな影響を与えうるのです。つまり、カウンセラーがただ聴いているだけでクライエントが変化した場合でも、その変化は純粋にクライエントの中から出てきたものとは言えない可能性が高いということなのです。

ここでこのようなことを論じるのは、カウンセリングを傾聴術だと捉えている人は、クライエントが話す、カウンセラーはそれを聴く、そうしていると、クライエントはクライエント自身の力で立ち直っていく、クライエントの中から自発的に変化が生じてくる、といった見方を

コラム６－１

対人場面において、人は、相手から発せられる声や表情などの微妙な非言語的手がかりによってかなり影響されます。社会心理学における「要求特性」についての諸研究は、そのことをはっきりと示してきました。要求特性とは、「その場面で何が期待されているかを伝える非言語的で微妙な手がかり」を指す心理学用語です。

ローゼンタール（一九六九）の研究では、まず、一般人から心理学の実験者の役をしてくれる人を募りました。そして、その「実験者」に対して、人の顔が写った一〇枚の写真を被験者（実験の対象者）に提示し、写真の表情から成功と失敗の印象がどの程度感じられるかを評定してもらうよう指示しました。実は、この実験で用いられた写真は、平均すれば成功と失敗の印象が中立になるよう、あらかじめ選ばれたものでした。

「実験者」は、被験者にしてもらうことを説明するための文章が書かれた紙を渡され、一言一句そこに書いてある通りに被験者に言うように、少しも逸脱しないようにと強く言われます。同時に、この実験の目的は「実験者が、いかにうまく過去の研究によって確証されてきた結果を追認する結果を生み出せるかを調べることだ」と告げられます。そして、半数の「実験者」は、これらの写真は過去の研究によって成功者の印象をもたらすものと分かっていると示唆され、残りの半数の「実験者」には、失敗者の印象をもたらすものと分かっていると示唆されました。

この研究の結果として、成功の印象を得るよう期待された「実験者」はその方向に沿った結果を、失敗の印象を得るよう期待された「実験者」はその方向に沿った結果を、それぞれ得るということが繰り返し見出されてきました。

すべての「実験者」は、すべての被験者に、言葉上は一言一句同じことを言っていたのですから、被験者の反応を方向づけたのは、「実験者」の声や表情などの微妙な手がかりだったということになります。「実験者」自身、自分がそのようにして被験者を誘導していることを自覚していたわけではありません。最も驚くべき発見は、「実験者」の期待が非常に速やかに伝達されたことです。多くの場合において、被験者のまさに最初の反応が「実験者」の期待に添うものだったのです。つまり、「実験者」は、被験者に挨拶し、椅子を勧め、やり方の説明を読み上げる間に、期待を伝達していたのです。

なお、こうした誘導の効果は、「実験者」の地位が高いほど大きいものでした。誘導の効果は、「実験者」の地位が被験者よりも高いときには、「実験者」の地位が被験者の地位と同じであるときのほぼ4倍にまで高まったのです。


この研究結果は、カウンセリングについて考える上で、非常に示唆的なものだと思います。カウンセラーがはっきり言葉にして言わなくても、カウンセラーの思いは微妙なやり方でクライエントに伝わり、クライエントに影響を与える可能性が高いのです。


していることが多いように思えるからです。

変化はクライエント自身の中から生じてくるのだから、カウンセラーは聴くだけでいい、カウンセラーがクライエントに影響を与える必要はない、あるいは影響を与えるべきではない、といった見方。こうした見方の背景には、非常にしばしば、カウンセラーの不適切な心理傾向が認められるように私には思えます。

というのも、こうした見方を強く持っているカウンセラーの中には、しばしば、自分の存在がクライエントの人生に重大な影響を与えうるという考えを、恐れ、嫌い、避けようとする人たちがいるように思えるからです。これらの人たちは、そうした不安な心情から、自分たちはクライエントの話を聴いているだけであって何らの影響をも与えていないという考えにしがみついているのです。

このような人たちは謙虚なように見えますが、実のところは、自分の力を恐れて自己否定に退却してしまっているのだと言えます。カウンセラーが聴いているときに相手に影響を与えていないという見方は率直に言って間違ったものですし、カウンセリング実践上の障害となるものだと思います。

以上のような考察を踏まえれば、カウンセラーが聴くことと、カウンセラーが話すこととの間には、「聴く」「話す」という言葉が与える印象以上に、連続性があるということが理解されるはずです。

では次に、よりあからさまなカウンセラーからの情報発信である「カウンセラーが話す」ということについて考えていきましょう。

✤カウンセラーの言葉の技術　サリヴァンの考え

同じことを伝えるのにも、その表現の仕方には無限のヴァリエーションがあります。どのような言葉を選んで言うか、それをどのような声で言うか、どんな表情や姿勢で言うか、どんなタイミングで言うか、などなどによって、そのコミュニケーション行為がもたらす効果は、まったく違ったものになりえます。

声や姿勢や表情などについては、これまでにしつこく述べてきたので、この章では、言葉の使い方、つまり言い回しについて考えることにしましょう。

同じことを伝えようとしても、言い回し次第で、その効果はまったく異なったものとなります。にもかかわらず、ほとんどのカウンセリングのテキストにおいて、言い回しの重要性についての指摘や、言い回しの工夫についての技術的な考察がまったく見られないのは非常に奇妙なことです。

このことに早くから鋭く気づいていたのが、アメリカの天才的心理療法家サリヴァンです。サリヴァンは次のように述べています。「言葉はセラピストの仕事道具なのだから、心理療法の教育には、言葉の最も有効な使用法に注意を払うことが含まれているべきだ」(Chapman, 1978)。

サリヴァンの示した具体例をもとに考えてみましょう。

結婚している女性が、カウンセリングを受けに来ました。彼女は、夫婦関係についての悩みを語ります。話を聴いているうちに、カウンセラーの心に、クライエントはこの問題について夫と話し合っているのだろうか、という疑問が湧いてきたとします。この問題についてクライエントが夫と話し合っているのかどうかということが、今後の相談のための重要なポイントになるだろうと感じたとします。

そのとき、その着想に立って、具体的にどのようにクライエントとコミュニケートするでしょうか。どのような言葉を用いて話すでしょうか。

ごく自然に普通に話すとすると、このようになるのではないでしょうか。「あなたはこの問題について夫と話し合いましたか」。

サリヴァンは、このような応答はダメだと考えます。このような応答はずぶの素人がする応答で、プロのカウンセラーであればこのような応答をするはずがないと言うのです。

この応答のどこがいけないのでしょうか。みなさんはどう思いますか。一度ここでじっくり考えてみて下さい。

まず手始めに次の問いに取り組んでみましょう。クライエントは、この質問に対して、「はい」と答えるでしょうか。「いいえ」と答えるでしょうか。どちらの答えが返ってくる可能性が高いと思いますか。

家庭の中に、わざわざ専門家のカウンセリングを受けに来ざるをえないような問題が持ち上がっているような状況においては、家庭内のコミュニケーションにも何らか問題が生じている可能性が通常よりも高まっていると考えられます。もしかすると、この夫婦には以前からコミュニケーションに問題があったのかもしれません。そして、それこそが現在の悩みの重要な原因の一つなのかもしれません。ともかく、この問いかけに対しては、「はい」よりも「いいえ」

という返答が返ってくる可能性の方が高いということを、カウンセラーはまず想定しておくべきだと言えるでしょう。

そして、この質問への答えが「いいえ」であるとき、その答えをするときのクライエントの気持ちはどうでしょうか。

こういう場面で、クライエントが「……いえ……それがぁ……あまり話し合ってないんです」と答えるとき、その声は何か済まなさそうな声、あるいは、きまりが悪そうな声であることがきわめて多いのです。あからさまに「ごめんなさい。話し合ってません」と謝る人もあることでしょう。「ほんとに情けないことなんですけど、話し合っていないのです」と痛々しく告白する人もあるでしょう。

なぜ「ごめんなさい」なんでしょうか。なぜ「情けない」のでしょうか。

専門家であるカウンセラーが「夫と話し合ったのですか」と尋ねるとき、クライエントの側は、その言葉を「普通、こういうときには、夫と話し合うものなんですよ」と言われているかのように受け取りがちです。カウンセラーは、はっきりと言葉にしてそう言っているわけでは決してないのですが、文脈的に、その言葉はそういうニュアンスを伝えてしまうのです。

このとき、たとえカウンセラーの側は、一〇〇パーセント純粋に、クライエントが夫と話し合っているのかどうかを知りたいだけであって、「夫と話し合うのが普通なんだよ」という考えなどみじんも抱いていなかったとしても、クライエントの側はこのカウンセラーのこの発言に「カウンセラーは夫と話し合うのが普通だと考えているんだ」というニュアンスを受け取ってしまうのです。

そんなのはそう受け取るクライエントの方が悪いんだ、そんなことにいちいち構っていられるか、などとカウンセラーが開き直ることもできるでしょう。しかしそのとき、そのカウンセラーは、自分にとってはクライエントを助けることなんてどうでもいいんだ、自分にとっては

「自分は間違ってない」と感じていられる安心感の方がずっと大事なんだ、と言っているようなものです。それは当のカウンセラーにとって、とても空しいことなのではないでしょうか。

けれども、以上のようなことは、弱り果てて相談に来ているクライエントの側に立って、ほんのちょっと考えてみれば、簡単に理解できるはずのことです。クライエントは、相談に来ざるをえなくなるような事態に至る中で、恥、失敗感、屈辱感などを痛々しく体験していることが普通です。面接室にいるクライエントは、今、面接室のクライエントの席に座っていることに対してさえ、恥や失敗感や屈辱感を体験していることが多いのです。そしてカウンセラーは専門家であり、権威者であり、成功者です。少なくともクライエントからはそのように見えます。その文脈において、カウンセラーから「あなたは夫と話し合ったのか」と尋ねられるのです。夫と話し合っていない場合、ドキリとすることでしょう。カウンセラーから、やるべきことをきちんとやっていない人と見られるのではないかという不安が生じてくることでしょう。純粋に理屈だけで言えば、そのように感じる必要はないのかもしれませんが、しかし、この文脈の下では、そう感じるのも無理からぬことと私には思われます。

この調子でカウンセラーが会話を進めていくとすると、以下のような流れが目に浮かびます。

「あなたはこの問題について夫と話し合いましたか」
「……いえ……それがぁ……あまり話し合ってないんです」
「なぜ話し合わないのですか」
「……はあ……そうですねぇ」
「話し合ってみて下さい」

プロのカウンセラーなら、このように会話を進めることはしないでしょう。

では、この場合、プロのカウンセラーなら、どのように会話を進めていくべきなのでしょうか。サリヴァンの考えはこうです。

「あなたの夫はこの問題についてどんな風に考えているのでしょう。彼はこの問題に関してあなたに何か言いましたか。それとも彼はもっと他のやり方でこの問題に関する自分の考えを明らかにしたのでしょうか」

「いいえ、あの人はそんなこと何も言いません。他のやり方でもあの人は自分の考えを明らかになんてしてません」

「そうですか。ではあなたは、この問題を、お二人の間でオープンに話し合うことが望ましいと思いますか」

どうでしょうか。先ほどの会話と比べてみてください。それぞれの会話がもたらす印象を味わって比べてみて下さい。どちらが正しいか、どちらの方が良いか、などと考えるのではなく、それぞれの会話のテイスト感の違いを味わってみて欲しいのです。どのようなことに気づきますか。

まず、会話の中でクライエントの自尊心が脅かされる度合いが違うことに気がつくでしょう。後に示した会話では、クライエントはさほど申し訳なさそうに答えたり、決まり悪そうに答えたりせずにすみそうです。より気楽に会話できそうです。

「あなたは夫と話し合いましたか」という質問は、クライエントのすることについて尋ねています。クライエントの責任に属することを尋ねているのです。ところが、「あなたの夫は自分の考えを明らかにしましたか」というのは、夫のすることについての質問です。夫の責任に属することを尋ねているのです。ですから、たとえその答えが「いいえ」だったとしても、そのことでクライエントの自尊心が傷つくことはないのです。

会話の後半部分に注目してみましょう。先ほどの会話では、クライエントは、カウンセラーから「話し合ってみて下さい」と一方的に知恵を授けられる立場に立たされました。そこには、カウンセラーはやるべき正しいことを知っていて、それを知らないクライエントに教えてやっているのだ、という上下関係の構図が生じています。ところが、後に示した会話では、クライエントがカウンセラーからそんなふうに下に見られる構図は生じていません。「あなたはオープンに夫と話し合うことが望ましいと思いますか」とカウンセラーが尋ねるとき、この質問の行為によって、カウンセラーはクライエントに、クライエントの考えを尊重する姿勢を示しているのです。カウンセラーは、クライエントに、クライエントはちゃんとよく考えて問題に取り組んできた存在であって、聞くべき考えを持っている存在だと見なしています。

この二つの会話を対比させて表にまとめておきます（表6－1）。じっくり味わい比べて下さい。また、この二つの会話が、それぞれ、この後、どのような展開をもたらしそうか、想像してみて下さい。

注意して欲しい重要なことは、右の会話も、左の会話も、**概念的には同じことを伝えようとしたものだ**ということです。つまり、いずれの会話も、クライエントがこの問題について夫と話し合っているかどうかを尋ねようとしたものだということです。

この例によって、同じことを伝えるのにも、その言い方次第で、非常に違った結果がもたらされるということがよく分かるでしょう。カウンセラーは、自分の言葉が、その文字通りの意味とは別の次元で、クライエントにどのような印象を与えそうか、どのようなニュアンスを伝えそうか、どのような言外のメッセージを伝えそうか、といったことに敏感である必要があります。

表6-1　非専門的な質疑と専門的な質疑についてのサリヴァンの見解

非専門的な質疑のあり方	専門的面接者の質疑のあり方
あなたはこの問題について夫と話し合いましたか？	あなたの夫はこの問題についてどんな風に考えているのでしょう？
なぜ話し合わないのですか？	彼はこの問題に関してあなたに何か言いましたか？　それとも彼はもっと他のやり方でこの問題に関する自分の考えを明らかにしたのでしょうか？
話し合ってみてください。	あなたはこの問題を、お二人の間でオープンに話し合うことが望ましいと思いますか？

✤カウンセリングは治療的レトリックである

たとえば、雪が降ってきたという情景を述べるのにも、ストレートに「雪が降ってきた」と言うこともできますし、「ふと空を見上げると、なにやら白いものがちらちらと……」と言うこともできます。たくさんのアリが行列している様子を述べるのにも、「たくさんのアリが行列しています」と言うこともできますし、「一匹のアリが歩いていきます。その後ろをまた一匹、その後ろをまた一匹、その後ろをまた一匹……。アリの行列は途切れることなく続いていきます」と言うこともできます。疲れたという気持ちを述べるのにも、「私はとても疲れてしまった」と言うこともできますし、「僕にはもう立ち上がる気力も、寝返りを打つ気力も、瞬きする気力さえ残っていなかった。そう、そのとき僕はもうほとんどしおれかけの植物人間になっていたのだ」と言うこともできます。

このような言い方の工夫は、伝統的にレトリック（雄弁術あるいは修辞学）と呼ばれる領域において体系的に研究されてきました。どのように効果的に言葉を用いて人の心に訴えかけるか、ということがレトリックの中心的なテーマです。レトリックは、古代ギリシャに端を発し、ヨーロッパ知識人の間では永きにわたって古典的教養となってきたのです。

こうした面からあらためて考えてみると、カウンセラーや心理療法家は、言葉を使って人の心に働きかける仕事だと言うこともできるでしょう。サリヴァンが、心理療法家は言葉の効果的な使用法をよく学ぶべきだと述べたのも、そういう認識に立ってのことでしょう。

こうした見方を少し推し進めると、**カウンセリングや心理療法は治療的レトリックに他ならない**、という見方も成立するのです。実際、こうした見方をはっきりと示し、力強く論じた論者も、少数ですが、存在します。たとえば、心理療法を大きな文脈から論じた古典的名著『説得と治療』の著者であるジェローム・フランクは、心理療法は科学よりもレトリックに近縁のものだという見解を述べています（Frank & Frank, 1991）。また、ユング亡き後のユング派をリードした理論家の一人であるジェームス・ヒルマンは、「心理療法とは、言葉によってイメージを喚起し、それによって説得的な影響を及ぼそうとする営みであり、アートフルなやり方で話し、聞き、書き、読むことだ」と述べています（Hillman, 1983）。

私もそう思います。

さまざまな理論家が、クライエントの心理を理解するための概念や枠組みを提供してきました。これらは、クライエントの言動からクライエントの心をどう理解するか、その理解の正確さや的確さを高めるために確かに役立つものです。けれども、そうして得られた正確な理解、的確な理解も、それがうまくクライエントに伝わらなければ意味がありません。

にもかかわらず、ほとんどの理論家が、この点については有効な示唆を提供してきませんでした。どのように理解すればよいかということについては多くの論者が多くの論考を提示してきましたが、どのような言葉を選んで、どのような言い回しでそれを伝えればよいかということについては、ほとんど論じられてこなかったのです。

カウンセラーのレトリカルな技術、言葉づかいの技術について詳しく論じた数少ない論者の一人にポール・ワクテル先生がいます。ワクテル先生は、サリヴァンの流れを汲みながら、さらにその考えを発展させ、『心理療法家の言葉の技術』（Wachtel, 1993）という本を著しました。ワクテル先生は、この本の中で、実際のカウンセリング場面におけるさまざまなエピソードを生き生きと記述しながら、巧みな言葉づかいで難局を切りひらく数々の工夫を紹介しています。実践にとても役立つ本ですから、興味のある方はぜひ読んでみて下さい。これから以下に紹介するさまざまな考察も、基本的にはこの本に依拠したものです。

✤焦点メッセージとメタ・メッセージ

同じ概念的な内容を伝えるのに、それを言葉で具体的にどう表現するかには無限のヴァリエーションがあります。その無限のヴァリエーションのうち、特定の一つの言い方を選ぶとき、**なぜその言い方を選んだのか**、ということが問題です。同じ概念的内容を伝えるのに、他にも無限のヴァリエーションがあるのに、なぜその特定の言い方を選んだのか。

その言い方を選ぶ行為の中に、クライエントに対する思いやりや共感が表現されているならば、そのことがクライエントに間接的に伝わります。逆に言えば、もしクライエントに対する思いやりや共感があれば決してその言い方を選ぶことはしないだろうというような言い方で伝えられれば、思いやりや共感の欠如が、クライエントに間接的に伝わります。

たとえ「私はあなたに思いやりの気持ちを抱いている」というような概念的な内容を言い表した言葉であっても、その言い方が思いやりのない言い方であったなら、つまりこの状況のこのタイミングでこの言い回しでこの声に乗せて言うという行為に思いやりのなさが感じられるのであれば、インパクトをもって伝わるのは思いやりのなさの方です。言葉の意味内容が伝える情報よりも、行為（言い方）によって伝わる情報の方がはるかに重いのです。

ワクテル先生は、先に紹介した本の中で、「焦点メッセージ」と「メタ・メッセージ」という概念を提示しています。焦点メッセージとは、本章でこれまで発言の概念的な内容とか意味内容とか呼んでいた明示的なメッセージです。話し手は、普通、自分の発話の焦点メッセージをよく自覚しています。それに対して、メタ・メッセージとは、文脈、タイミング、言い回し、声や表情などによって言外に伝わる暗示的なメッセージです。話し手は、普通、自分の発話のメタ・メッセージをあまりよく自覚していません。メタ・メッセージには、その発話における、話し手と相手との関係のあり方についての情報が含まれています。

カウンセラーには、焦点メッセージをより的確なものに高めていく努力が求められますが、それ以上に、メタ・メッセージに敏感であることが必要なのです。

以下に具体的に例を挙げながらこのことをさらに詳細に見ていきましょう。

✤カウンセリング場面の具体例から

(1) いつも不安だと訴えるクライエント

いつも不安だと訴えるクライエントがいます。カウンセラーは、クライエントの不安についてもっとよく理解するために、不安の変動について尋ねてみたいと思います。どんな時に不安が大きくなり、どんなときに不安が小さくなるのかを知ることができれば、不安についてより的確に理解できるだろうと思うからです。

そのような考えから、カウンセラーは、次のように尋ねてみます。


「不安がちょっとでもましになるようなことはありませんか」


するとクライエントは急に憤慨した様子になり「そんなことはまったくありません！　私はいつもすごく不安なんです！」と顔を赤くして言うのです。そんな質問がなされるとは心外だと言わんばかりです。

この同じ場面で、次のように尋ねたとしたらどうでしょうか。

「不安がいっそうひどくなるようなことはありませんか」

するとクライエントは大きくうなずいてこう言います。「あります。あります。仕事の進み具合を上司に報告する日が近づいてくると、特にすごく不安になります」。このクライエントの答えから、そしてそれに基づいたその後のやり取りから、カウンセラーはクライエントの不安についてよりよく理解できるようになるでしょう。

右に示したカウンセラーの二つの質問は、いずれも、クライエントの不安の変動についての情報を得ようとしたものです。いずれの訊き方も、同じ焦点メッセージを持っていることに注意して下さい。同じ焦点メッセージを持っていても、それをどんな言葉で言うか、その言い方が違っていることで、このようにクライエントの反応はまったく違ったものになってしまうのです。

論理的に考えれば、この二つの質問は等価なものです。ひどい時があるかという問いも、まし な時があるかという問いも、不安の水準に変動があるかどうかを問うているのです。論理的にのみ考えれば、この二つの質問は同じことを尋ねた問いだということになります。当然、それに対する答えも同じになるはずだと思われます。

にもかかわらず、まったく違った反応が返ってくるというのはどういうわけでしょう。

クライエントの反応から見て、「不安がちょっとでもましになるようなことはありませんか」という問いは、クライエントを脅かす問いだったようです。おそらくクライエントは、自分の不安の苦しみをカウンセラーは軽く見ているのではないか、という不安をかき立てられたのでしょう。

多くのクライエントが、自分の悩み苦しみをカウンセラーが正当に理解してくれないのじゃないか、という不安を抱えて来談します。そんなに大した悩みではないよ、そんな程度のことで相談に来たのか、みんなそれぐらい我慢してがんばってるんだ、などと思われるのではないか、という不安を抱えて来談するのです。こうした不安に駆り立てられているクライエントは、悩みや苦しみをいくらか誇張して話すものです。自分がどれほどつらいのかをカウンセラーにちゃんと伝えないといけないという思いで、無自覚のうちに力んでしまうのです。

こうした状況の下でカウンセラーから「不安がましになることはありませんか」と尋ねられると、「あなたはいつも不安だとか言ってるけど、実際は、小さな不安を誇張して大げさに騒ぎ立ててるだけじゃないの。実はしのげる程度の小さな不安でしかない時間もけっこうあるんじゃないの」と疑われているように感じやすいのです。初めて相談に来た人が、そんなふうに感じてしまうのも理解できることだと思いませんか。

ところが、「不安がいっそうひどくなることはありませんか」と尋ねられる場合には、そのような不安が刺激されないので、クライエントは安心して素直にこの問いに答えることができるのです。*

(2) 父親を尊敬しているとかたくなに主張するクライエント

中年男性のあるクライエントは、面接において、自分がいかに父親を尊敬しているかをことさらに強調して話します。しかし、話を聞いていると、カウンセラーには、彼が権威主義的で威圧的な父親に対してかなりの反感や嫌悪感を感じていただろうことが容易に推察できるのです。ところが、そうした推察に基づいてカウンセラーが父親に対する反感や嫌悪感について少しでも尋ねようものなら、彼は猛烈にそれを否定するのです。そして彼は、父親から受け継いだすばらしい価値観を自分の息子たちにも伝えたいと、大げさな様子で強弁するのです。

カウンセラーは、クライエントは父親に対して反感や嫌悪感を感じているが、同時にまた、そういう気持ちを抱くことをいけないことだと感じており、そうした気持ちを心の体験領域か

スケーリングによって不安の変動を問う

クライエントが「私はいつも不安なんです」などと訴える場合には、スケーリングを用いて探索することも有用です。スケーリングとは「〇から一〇〇」のスケール（物差し）を定義し、そのスケールの上でいくつになるかを答えてもらう質問のことです。たとえば「全然不安がないのを〇として、極度に不安なのを一〇〇とした場合に、今はどのくらいでしょうか」と問い、さらに様々な場面について同じ質問を問うていきます。このような探究によっても、クライエントの不安が変動する様子を調べることができるでしょう。このような探究は、クライエントに驚きや発見をもたらし、それ自体が治療的に作用することが多いのです。

ら排除しているのではないかと考えました。そしてまた、父親を尊敬しているとかたくなに強弁することは、父親に対する反感や嫌悪感を見ないようにする方法として役立っているのではないかと考えました。

さて、この場面でカウンセラーがどう言うかです。たとえば次のように言ってみたらどうでしょうか。

「あなたはお父さんに対する否定的な感情を見ないようにしているのではないでしょうか」

直球ど真ん中の表現ですね。この言葉に対しては、クライエントはむきになって反論してきそうです。「そんなことはありません。私は父親を本当に一〇〇パーセント尊敬しているのです！」というように。

その代わりに次のように言ったらどうでしょうか。

「もし万一、お父さんの価値観や性質の中で、あなたが子どもたちに伝えたくないものがたった一つだけあるとすれば、それは何でしょうか」

この言葉を受けて、クライエントはしばらく考え込みました。そして、たった一つ、父親の好きになれない点を答えることができたのです。このエピソードを皮切りとして、クライエントは、父親の価値観や性質の中で、彼が好きになれないもの、嫌だったものを徐々に話題にできるようになっていったのです。そして、カウンセラーがそれを理解的に受けとめてくれることに助けられて、そうした感情を感じることを自分に許せるようになっていきました。

前者の発言と後者の発言は、同じ着想に基づいて発せられたものです。クライエントは父親を尊敬しているととても強く主張しているけれども、それは父親に対する否定的な感情を意識から閉め出すための方略であって、実は彼は父親に対して強い否定的感情を抱いているのだろう、という着想に基づいて発せられたものです。にもかかわらず、これら二つの発言がクライエントから引き出す反応は、非常に違ったものとなりえるのです。

では、なぜ前者の言い方ではダメだったのでしょうか。なぜ、後者の言い方は、クライエントに、彼が気づきたくないと感じている心の内容を探究することを可能にしたのでしょうか。

前者の言い方には、クライエントの発言の真実性を疑うニュアンスが強く出ています。まず第一に、カウンセラーは正面からはっきりと、クライエントの発言に疑いを差し挟んでいます。クライエントは父親に対する反感や嫌悪感の存在を否定しているのですが、カウンセラーはクライエントの心中にはそうした気持ちは存在しており、ただクライエントはそれを見ないようにしているのではないかと疑っているのです。

しかし話はそれだけでは終わりません。このカウンセラーの発言は、クライエントには「あなたは父親を尊敬していると言っているが、本当は父親を嫌っているんでしょう」と言っているものと受け取られる可能性があります。つまり、父親を尊敬しているというクライエントの発言は、丸ごとすべて嘘だと言っているものと受け取られる可能性があります。注意深くカウンセラーの発言を検討すれば、カウンセラーの発言は必ずしもそう受け取られる必要はないものです。にもかかわらず、そう受け取られてしまう可能性が大きいのです。尊敬と反感とは、しばしば、対立するもの、両立しないものと単純に思われているからです。

またこのカウンセラーの発言には、クライエントを非難するニュアンスも感じられます。クライエントは「逃げている」と咎められているように感じるかもしれません。こうしたカウンセラーの指摘は、当たっていればグサッとくるコメントです。そのため、グサッとくる痛みに対して反射的に防御する動きが反応として生じてきても不思議ではありません。

これに対して後者の言い方は、クライエントの「自分は父親をすごく尊敬しているのだ」という主張に挑戦を仕掛けていません。むしろ、ほとんどその主張をその通りに認めています。そしてその上で、もし万一たった一つだけその例外があるとしたらそれは何だろうかと問うているのです。九九・九九九パーセントはクライエントの言うとおりだろうと認めた上で、ひょっとして〇・〇〇一パーセントだけでも例外があったりしないだろうかと問うているのです。

　このように、クライエントが主張している内容が、たとえ防衛的な心の動きを反映したものだと判断できる場合でも、だからといってすぐにそこに挑戦を仕掛けていくのは得策ではないことが多いのです。まずはクライエントの発言の内容を認め、そこに挑戦を仕掛けない姿勢を見せた方がよいでしょう。その方がクライエントが安心できるからです。

　それに、たとえ防衛の働きを担っている部分があったとしても、父親を尊敬しているというクライエントの主張は、かならずしもまったくのデタラメではないでしょう。もし虚偽の要素がいくらか含まれていたとしても、その嘘にはクライエントの切ない願いが込められているのです。それは簡単に揺るがしてよいものではありません。

　安心感を保障することが、探究のための基礎となるのです。安全基地があって初めて人は探検に出かけられるのです。脅かしながら危険地帯へと誘っても、誰もその誘いに乗る人はないでしょう。つまり、非常に逆説的なことですが、カウンセラーがクライエントの防衛を緩めたいと願うのなら、ひとまずその防衛を支持した方がいい、ということが言えるのです。これがワクテル先生が「防衛の肩を持つ」と呼んでいる技術です。

　蛇足ながら念のため付け加えておきますと、ワクテル先生が言う「防衛の肩を持つ」という技術は、あくまで、クライエントを探究の旅に誘う際の有利な出発点を示したものであって、防衛の肩を持つことそのものを目標地点としたものではありません。その点、誤解のないように注意して下さい。

(3) 怒りを抑えるクライエント

あるクライエントは、不満があってもなかなか自己主張できないことに悩み、カウンセリングを受け始めました。カウンセラーはアサーション・トレーニング*の考えに基づいて面接を進めていきました。クライエントが生活の中で不満を感じた場面を面接室で再現し、カウンセラーがモデルを示しながら、うまく不満を表現できるよう練習していくのです。しかしいくら練習を重ねてもクライエントの問題はほとんど改善しませんでした。そうした経過の中のある面接において、クライエントはこわばった表情でずっと押し黙ってしまいました。カウンセラーから「今どんなことが心に浮かんでいるのですか」「思い浮かぶことを何でも話してもらえますか」などと話しかけても、クライエントは「何も思い浮かびません」「話すことがないんです」と硬くフラットな声で言うだけです。カウンセラーには、クライエントがカウンセラーに対して怒りを感じているように感じられるのでした。

さて、この場面であなたがカウンセラーだったら何と言うでしょう。たとえば、次のように言ったらどうでしょうか。二つ例を挙げてみます。

「あなたは私にとても激しい怒りを感じているんだと思います。その怒りを隠すために、何も話すことがないと言っているんでしょう。」

「あなたは本当はとても私に怒っているんでしょう。私に怒っているんだったら、黙ってないで素直に怒ればいいじゃないですか。どうしてそんなに怒りを否定する必要があるんですか。」

クライエントは、こういった言葉に対して、顔をこわばらせ、カウンセラーと視線が合わないようにしてまっすぐ正面の壁を見据えたまま、口をへの字にしていっそう固く閉ざしてしま

アサーション・トレーニング
アサーション・トレーニング（自己主張訓練）は、もともとは、コミュニケーションに不安を抱えて萎縮している人がその不安を乗り越えていけるよう、援助することを目指した行動療法の一つの技法でした。しかしそれは、現在までの間に、ヒューマニスティックな心理学やフェミニズムなどの影響を受けながら、自分をも相手をも大切にする、建設的で率直なコミュニケーションの習得を助ける多面的で総合的な訓練へと発展してきました。現在のアサーション・トレーニングは、通常、講義、グループ討論、ロール・プレイなど多様な要素を含んでいます。

うのです。

では、これらに代わるどんな言い方があるでしょうか。皆さんも考えてみて下さい。

たとえば次のようなのはどうでしょうか。二つ挙げます。

「私にはあなたが怒っているように感じられます。でもあなたは、そういう感情とどう付き合ったらいいのか、そこに難しさを感じているようです。そういう感情は持つのも嫌だし、表すのも嫌だと感じて、その感情を何とかしてフリーズさせようとしているような気がします。そしてその結果、黙ってしまうしか仕方がなくなってしまうのではないでしょうか。」

「あなたは自分の感じているのが怒りなら何も言わない方がいいと感じているのではないでしょうか。怒りは表現しない方がいい、もし表現したら何か怖いことが起こりそう、そんなふうに感じられるのかもしれません。だから黙っているのではないでしょうか。」

これらのコメントに対しての方がクライエントはより容易に反応しそうに思えます。

これらの発言はいずれも概念的には同じ内容を伝えようとしたものです。いずれも同じ焦点メッセージを備えたものです。いずれも「クライエントは怒りを感じている。その怒りの感情を防衛している。その結果、黙っている」という理解を伝えようとしたものです。先に示したクライエントをよりいっそう防衛的にさせてしまいそうな二つの発言も、後に示したクライエントにより受け容れられやすいと思われる二つの発言も、その概念的な内容が違っているわけではないのです。その違いは、主として、その概念的な内容（焦点メッセージ）にはなく、言葉の選び方によるニュアンスの違い（メタ・メッセージ）にあるのです。

前者の二つの発言と、後者の二つの発言とのメタ・メッセージを比較してみましょう。どこが違うでしょうか。

まず第一に、前者の二つの発言には、クライエントを非難するニュアンスが強く感じられます。カウンセラーは、クライエントが自分に対して素直に気持ちを表現してくれないことに、傷つき、苛立っているのかもしれません。自分に対して拒否的な態度を取るクライエントに、迫害されている感じや脅かされている感じを感じているのかもしれません。ともかく、こうした発言をするとき、カウンセラーの心は穏やかさや余裕を失っているように感じられます。そういう感じがメタ・メッセージとして伝わってきます。

後者の二つの発言には、そういう感じがあまりありません。クライエントがカウンセラーに怒りを抱いていることについても、その怒りを隠そうとしていることについても、カウンセラーは非難を向けていません。ただそれをありのままに認めています。クライエントがカウンセラーはクライエントがずっとそのままでいいと考えているわけではありません。もちろん、カウンセラーするとき、カウンセラーは、クライエントが今ここでそのようであることを非難することなく受け容れて発言しているのです。そのことがメタ・メッセージとして伝わります。

第二に、前者の二つの発言においては、カウンセラーは、クライエントがなぜ怒りを隠そうとするのか理解できないと伝えています。言い換えれば、クライエントは理解不能なことをするおかしな人間だというニュアンスを伝えています。つまりこれらの発言は、クライエントをカウンセラーとの人間関係から疎外し、さらには正常で健康な人間の社会から疎外するメッセージを伝えるものとなっているのです。これに対して、後者の二つの発言は、クライエントが黙っていること、怒りを隠そうとすることを、きわめて人間的なこと、理解できることとして記述しています。カウンセラーはこの発言によって、クライエントに手をさしのべ、つながろうとしているのです。クライエントはこの発言を受け容れることによって、カウンセラーとつながり、正常で健康な人間の社会とつながります。

ちなみに、精神分析の伝統では、クライエントに解釈を与えるとき、そこに三つの要素を含ませることが望ましいと言われています（解釈の三角形、図6－1）。一つは〈避けられている体験の内容〉、つまりクライエントは何を避けているのかという要素です。この場合ですとカウンセラーに対する怒りの感情がそれに当たります。二つは〈その体験を避ける方法〉、どのように避けているのかという要素です。この場合ですと、押し黙るという行為がそれに当たります。三つは〈その体験を避ける理由〉、つまりなぜ避けるのかという要素です。この場合ですと、嫌悪感、恐怖感、不適切感などが推測できます。

先ほど挙げた後者の二つの発言には、これら三つの要素が含まれていることを確認してみてください。

(4) 自立に駆り立てられたクライエント

クライエントは、頭痛と不眠の症状を訴えて相談に来た女性です。話を聴いていると、彼女はどんな困難な状況でも自分一人で必死に乗り切ってきたことが分かります。彼女はできる限り人に頼らないで生きてきたのです。

カウンセラーは、こうしたクライエントの話を聞いていて、クライエントはただシンプルに自立的な人だというより、自立へと激しく駆り立てられた人であるという印象を持ちました。つまり、強迫的に自立的な人だと感じました。カウンセラーの心には、クライエントは自立的な人というより、依存を恐れている人なのではないかという推測が湧いてきました。つまり、クライエントの自立への動きは、依存の感情に対する防衛によるものではないかと考えたのです。

では、カウンセラーは、そのような理解を、具体的にどのような言葉で伝えるとよいでしょうか。たとえば次のような言い方はどうでしょうか。

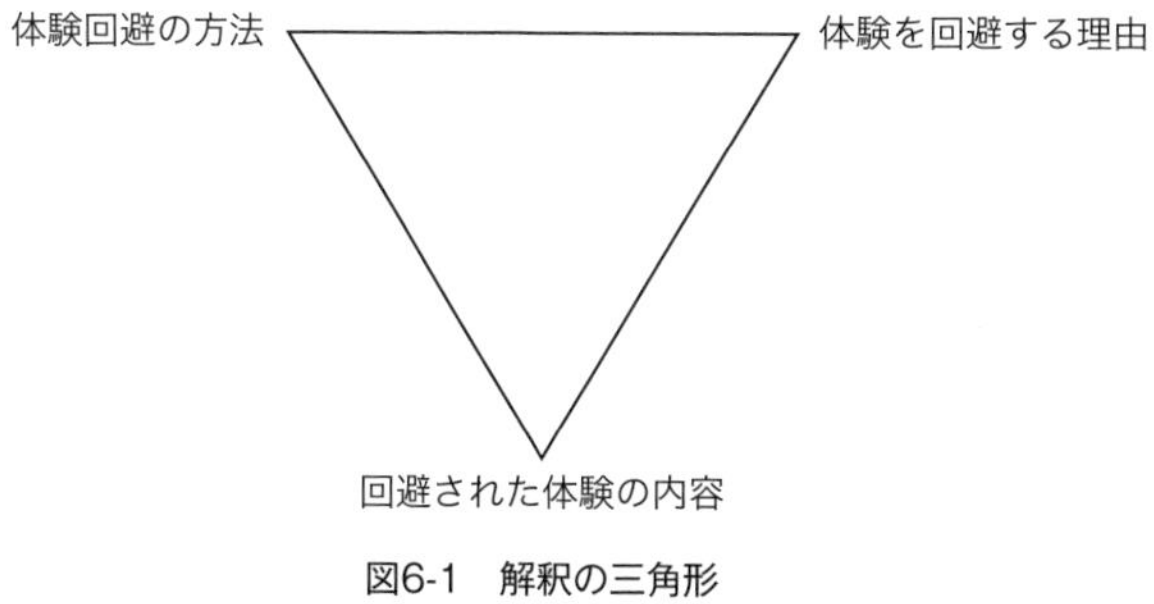

図6-1　解釈の三角形

「あなたは依存の感情に対して防衛していますね。」
「あなたは見たところ自立的に振る舞っていますが、それは見せかけで、本当は依存することが怖くてできないだけでしょう。」
「どうしてもっと素直に人に甘えられないのかな。何でも一人でやれば偉いとでも思ってるの⁉」

あからさまに非難的な例を挙げすぎたかもしれません。いくら何でもこんなひどい発言はしないよ、と思う読者が多いかもしれませんね。でも、よく振り返ってみて欲しいのです。みなさんも、誰かの相談を聞いているときに、こんなふうに言いたくなったことって全然ないでしょうか。私はあります。正直、私は、上に示した発言をパソコンに向かって打ち込むとき、何かとてもすっきりしている自分を感じました。

ちなみに、上に示した発言は、実際にクライエントに言うこととしては推奨されないものですが、そのような思い自体は、カウンセラーとして抱くべきでない思いだというわけでは決してありません。カウンセラーの心は自由であるべきなのです。心に浮かぶことを不自由に抑え込んでいては、いいカウンセリングはできません。そして、こういう思いから自由になるための第一歩は、こういう思いを抱いている自分に気づき、そういう自分を許すことです。そういう自分に向かって穏やかに微笑み、そういう自分とともに深く呼吸します。

こうした非難的な発言を意図的に考えてみるのもよい練習になります。他にどんな非難的な発言がありうるか、みなさんなりに考えてみて下さい。もっと非難的な言い方はないでしょうか。考えてみて下さい。仲間どうしで意見を出し合ってみるのがいいでしょう。そして最も非難的な発言を思いついた人を表彰しましょう。

何も私は悪ふざけを推奨しているわけではありません。水に溺れないためには、自分からあえて水に潜ってみて、水に親しむことが有用であるように、こうした思いに溺れないためには、自分からあえてこうした思いに潜ってみて、こうした思いに親しむことが有用なのです。

ではこれに代わる、もっとクライエントの心に届きやすい言い方はどうでしょうか。今度は、クライエントが聴きやすい発言を考えてみて下さい。

たとえば次のようなものを挙げてみましょう。

「あなたは誰かに世話してもらいたいという思いを少しでも持つと、それを何か怖いことのように感じるみたいですね。あなたが人に頼らずに何でも自分でやろうとがんばっちゃうのはそのせいもあるのかもしれないね。」

「人に頼りたいとか、甘えたいとかいう気持ちが心の片隅に湧いてきたとき、あなたはそれをどんなふうに感じるのでしょう。そんな気持ちは持ちたくないみたいですね。そうした気持ちを持つことは怖いことなのでしょうか。あなたが人に頼らないようにいつも必死にがんばっているのは、人に頼りたいとか甘えたいとかいった気持ちを何とか遠ざけようとする努力の一環でもあるのかもしれないですね。」

いかがでしょうか。同じ焦点メッセージを、柔らかなメタ・メッセージとともに届ける言い方になっているでしょうか。

何度も言うようですが、こうした例を挙げることによって私が伝えたいと願っているのは、これらの発言のいずれかが良いものだとか、悪いものだとかいうことではありません。カウンセリングの中のカウンセラーの一つの発言を取り上げて、それを良いとか悪いとか評価することなど、決してできないことです。むしろ私は、これらの例を挙げることによって、みなさんにそれぞれの発言の味わいをよく味わい、比べてみて欲しいのです。よく味わって、味の違いをじっくりと感じてみて欲しいのです。そうした訓練を通して、カウンセラーの発言のメタ・メッセージについてのテイスティング能力を高めて欲しいのです。たくさんの異なったワインを注意深くじっくりと味わうことからソムリエが生み出されるように、たくさんの異なったカウンセラーの発言を注意深くじっくりと味わうことから、いわばメタ・メッセージのソムリエが生み出されることを期待しているのです。

(5) 否定的な情報だけを取り入れるクライエント

何かにつけて物事の否定面にばかり注目し、自己否定に陥るクライエントについて考えてみましょう。クライエントは、毎回、ほとんどの時間を、周りの人たちがいかにうまくできるか、それに比べて自分はいかにうまくできないか、といったことについて話すことに費やします。たまに人から褒められることがあったとしても、そのことは積極的にはほとんど話されません。カウンセラーがそこに注目して詳しく話してくれるように頼んでも、あれは社交辞令だとか、あの人はよく分かっていないからああ言っただけだとか言うだけで、その話題は流されてしまいます。自分はダメだ、自分は好かれない、自分にはできない、などといった内容の話ばかりが語られます。

このようにこのクライエントは否定的な体験ばかりを語るのです。しかし、カウンセラーからすると、それは、このクライエントに否定的な出来事ばかりが降りかかっているからというよりも、このクライエントが出来事の肯定的な面には注目せず、否定的な面にばかりに注目しているせいではないかと思えるのでした。

さてこの場面でカウンセラーはこの理解をどのような言い方でクライエントに伝えるのがよさそうでしょうか。考えてみて下さい。

「あなたは肯定的なものには注目せず、否定的なものにだけ注目していますね。」
「あなたのやっていることは選択的不注意というやつです。認知の歪みと言ってもいい。」
「もう少し肯定的なものにちゃんと目を向けたらいいのに。」

これらの発言には何か非難的なニュアンスが感じられませんか。自立に駆り立てられたクライエントのところでしたように、ここでもこうした非難的なニュアンスの言い方をみなさん自身でも考えてみて下さい。できるだけ心を自由にして。思いつくままに書き出してみましょう。そしてそれらの発言のメタ・メッセージをよく味わってみて下さい。

その上で、今度は、それらに代わる他の言い方、非難的でない言い方を考えてみましょう。では私の方でもいくつか挙げてみましょう。

「あなたは自分自身について肯定的なことを聞くと、なにか落ち着かない気分になることがあるようですね。それをそのままに聞き入れるのはまるで危険なことでもあるかのようですし、まるであなたは肯定的なことなど聞きたくないかのようです。」

ロジャース派のカウンセリングを学んだ人は、どうしてもクライエントの発言についていく形の応答になりがちです。ロジャース自身は、特に晩年に近づくにつれ、もっともっと自由で自発的になっていったのですが、ロジャースの教えを学んだ人には、反射や要約などの応答技法に頼りがちになる人が多いようです。そういうカウンセラーが、否定的なことばかり語るクライエントに対して「あなたは肯定的なことを聞くと、何か落ち着かない気分になることがあるようですね」という発言をすることはまずないでしょう。なぜなら、こうしたクライエントが自分から「私は肯定的なことを聞くと、なぜか落ち着かない気分になることがあるんです」

と言うことはまずないからです。クライエントは、ただ否定的なことばかりに注目して、否定的な体験を語るのです。その語りに反射と要約でついていけば、「できないと思うんですね」「できなくてつらいんですね」「ダメな自分に失望しているんですね」といった応答に終始してしまうでしょう。

カウンセラーが、クライエントの話の内容だけに注目しながら聴いていたら、ここに示したような発言は出てきません。なぜこの人はこんなに否定的なことばかり語るのだろうという疑問を持ち、想像力を働かせ、直接的には語られないけれども背後にあるクライエントの心の動きを感じ取るようにして聴くことが必要です。

第7章で述べるように、不安なことは直接的には語られないことが多いのです。そしてこの場合、クライエントの不安は、否定的な体験にではなく、語られていない肯定的な体験に伴っているのです。

もうひとつ、別の言い方を挙げてみましょう。

「あなたのことを誰かが温かい目で見てくれたことってまったくないですか。（まったくないわけではないとの返答を得て）その温かなまなざしに気づいた瞬間、あなたの心の中で何が起きるのでしょうか。（回答を十分に受けとめて、検討した上で）その誰かの温かなまなざしへの気づきとともにとどまることができますか。できるだけ長い時間それとともにとどまってみて下さい。そしてどんな感じがするか教えて下さい。」

このカウンセラーの発言は、かなり長いやりとりの骨組みだけを示したものです。前半と後半に分けて見ていきましょう。

前半部分の「温かなまなざしに気づいた瞬間、あなたの心の中で何が起きるのでしょうか」という質問に対しては「すごく嬉しい」といった答えが返ってくることが多いです。クライエントは、温かなまなざしをすごく嬉しく、喜ばしく、天にも昇るように感じるのです。だからこそ、温かなまなざしが怖いのです。なので、こうしたクライエントは、天に昇った後、激しく地に落ちることを恐れているのです。こうしたクライエントはその温かなまなざしに対して非常に用心深い態度を取り、あれは社交辞令だとか、何かの間違いだとか言って、その温かなまなざしを無効化してしまうのです。前半部分では、こうした点をじっくりと探究していきます。

そして後半部分は、不安を喚起する刺激を遠ざけてしまわないで、あえてそれに触れていくよう誘導する教示となっています。クライエントは、自分に向けられた温かなまなざしをイメージし、そのときに生じてくるさまざまな思いや感情を、思い浮かぶまま、湧き上がるままに、ただ感じていく。そのイメージとともに、そしてそのイメージがかき立てる思いや感情とともに、落ち着いて穏やかに呼吸します。

ここでもまた、これらのカウンセラーの発言は、すべて、概念的には同じクライエント理解に基づいていることを確認しておきましょう。同じ理解を伝えるのにこのように違った伝え方があります。そしてこのような伝え方の違いがまったく違った結果をもたらすのです。

カウンセリングがうまくいかないとき、カウンセラーのクライエント理解が間違っているために、そのような芳しくない状況になっているということもあるでしょう。しかしどちらかと言えば、理解は間違っていないのに、その伝え方が不適切であるために、芳しくない状況になっていることの方が多いのではないかと思います。

✤アーティスティックに行こう

以上、カウンセラーの発言における言葉づかいの問題、言い回しの問題について考えてきました。この問題についてさらに深めて追究したい方は、ぜひワクテル先生の『心理療法家の言葉の技術』に当たって見て下さい。そこには、他にもさまざまな言葉の技術が深い考察とともに紹介されています。

冒頭でも述べたように、メタ・メッセージのチャンネルは言い回しだけにあるわけではありません。発言の際の、声、表情、身振り、姿勢、服装、タイミング、文脈などなどもまたメタ・メッセージを伝える重要なチャンネルです。

中でも、最も重要な情報は声に含まれています。本書においては、これまでにもしばしば声の重要性を強調してきました。しつこいようですが、ここで再びこのことを強調しておきます。

本章ではまた、カウンセリングはレトリックに近縁のものだという考えを紹介しました。これを言い換えれば、カウンセリングは単なる科学ではなく、科学に導かれたアートなのだということです。カウンセラーの言葉は単に理論的に正しければよいだけのものではないのです。思いやりや温かみや慈しみを伝えるものであること、力強さや励ましを伝えるものであることが必要です。表現自体にも、面白みがあり、文学的に趣き豊かであれば、なおよいでしょう。言い方には演出の工夫を凝らすことが大切です。声、表情、姿勢、視線、タイミングに注意し、演劇的効果を高める努力を重ねるのです。

年齢を重ねればカウンセラーの容姿も変わります。職場を移ることもあるでしょうし、立場が変わることもあるでしょう。そうした変化に伴って、それにふさわしい最も効果的な演出を常に心がけていくことが必要です。カウンセリングは、生涯にわたって、磨き続けていくことが必要な技芸なのです。

第６章まとめ

本章においては、カウンセラーの話す技術について考察しました。

- ▫カウンセラーは聴く技術だけでなく、話す技術をも磨く必要がある。
- ▫聴くことは単に情報の受け手になることではない。カウンセラーは聴く行為の中でさえ、クライエントに向かって情報を発し、影響を与えている。
- ▫伝えたいことの概念的な内容は同じでも、言い方次第で、その効果はまったく異なる。
- ▫カウンセラーの言葉の概念的な内容を焦点メッセージと言い、言い回しやタイミングなどによってニュアンス的に伝わるメッセージを、メタ・メッセージと言う。
- ▫メタ・メッセージは、クライエントに対するカウンセラーの感情や、関係のあり方を伝える。
- ▫カウンセラーは、自分の言葉のメタ・メッセージに対する感受性を高める必要がある。
- ▫メタ・メッセージに注目すれば、カウンセラーがクライエントに話しかける際に、さまざまな技術上の工夫が必要だということが分かる。

文　献

・チャップマン A・H（一九七八）『サリヴァン治療技法入門』（作田勉監訳、一九七九）星和書店

・フランク J・D＆フランク J・B（一九九一）『説得と治療：心理療法の共通要因』（杉原保史訳、二〇〇七）金剛出版
・Hillman J (1983) Healing fiction. Spring Publications, Inc.
・Rosenthal R (1969) Interpersonal expectations: Effects of the experimenter's hypothesis. In Rosenthal R & Rosnow RL (Eds.) Artifact in behavioral research. pp.181-277. New York: Academic Press.
・サリヴァン H・S（一九五四）『精神医学的面接』（中井久夫ほか訳、一九八六）みすず書房
・ワクテル P・L（一九九三）『心理療法家の言葉の技術：治療的なコミュニケーションをひらく』（杉原保史訳、二〇〇四）金剛出版
・ワクテル P・L（一九九七）『心理療法の統合を求めて：精神分析・行動療法・家族療法』（杉原保史訳、二〇〇二）金剛出版

第7章　クライエントの心理における不安の働きを理解する

✤語られない不安

しばしば、相談に来たクライエントは、自分が何に不安を感じているのか、そしてその不安とどのように関わっているのか、ということを、自ら直接的に話題にすることができない状態にあります。**まさに不安の働きゆえに、自分が不安を感じる事柄については、反射的、自動的、習慣的に気づかないようになってしまっているのです。**ですから、来談時点で、クライエントにはそもそも不安についてのはっきりした自覚がないのです。

たとえば、学校にうまく適応できないでいる女子生徒が相談に来たとします。彼女は、カウンセリングにやってきて、学校になじめない、クラスで居心地が悪いと訴えるのです。そのうちに、彼女は、クラスメイトのことをひどく馬鹿にして見下すような言動を始めます。「馬鹿ばっかり」「下劣な人たち」「付き合いたくもない」「同じ部屋で同じ空気を吸っていると思うだけでイヤ」「何であんな低俗な話題で盛り上がれるのか、信じられない」などとこき下ろすのです。クライエントから自発的に出てくる話は、ずっとそんな話ばかりです。

クライエントの話の内容だけを聞いていたら、このクライエントが果たして何かに不安を感じているのかどうか、分からないのではないかと思います。クライエントは、自分はかくかくしかじかのことについて不安を感じている、とは一言も言いませんから、クライエントには不安はないのだと思うことになるかもしれません。

このクライエントに、「あなたは今の生活の中でどんなことが不安ですか」と尋ねてみたとしましょう。もしかするとクライエントは「早くこの学校を辞めてもっと私のレベルに合ったハイレベルの学校に行きたいけど、それができるかどうかが不安だ」とか、「このような低級な人たちに囲まれた生活の中で自分の忍耐力がいつまで持つかが不安だ」などと言うかもしれません。しかし、それはカウンセラーから尋ねられたから答えたまでのことであって、クライエントはその不安についてそれ以上話したい様子もないですし、その不安について話したことで、クライエントの状態に何か変化が生じる様子もないのです。

けれども、カウンセラーがクライエントの表情や声や視線や言葉の端々のニュアンスなどに注意を向けつつ繊細に感受性を働かせて聴いていれば、このクライエントの声や表情などには、どこか悲しげで淋しげなところがあるのが気になるかもしれません。そこに気づきながら話を聴いていると、このクライエントはもしかすると楽しげに会話して盛り上がっているクラスメイトたちを見て、うらやましく、妬ましく思っているのではないだろうか、と感じるかもしれません。このクライエントは、ひとりぼっちで淋しいんだな、と感じるかもしれません。もしかすると、このクライエントは淋しくて、みんなと仲良しになりたいけど、自分がみんなから受け容れられるか、自信がなくて、拒否されたらどうしようとひどく不安になっているんじゃなかろうか、と感じるかもしれません。拒否されてみじめになるくらいなら、最初から孤立している方がましだ、という考えに陥っているんじゃないだろうか、という思いが湧いてくるかもしれません。

また、カウンセラーは、クライエントが毎回、毎回、クラスメイトのことをこき下ろすのを聴いていて、そのしつこさに印象づけられるかもしれません。なぜこんなに繰り返し同じような話を強い感情をもって話すのだろうと疑問に感じるかもしれません。そういう疑問を抱きつつクライエントの話を聴いていると、その話しぶりには、まるで何か自分に繰り返し言い聞かせようとしているような感じがあることに気づくかもしれません。クライエントは、クラスメイトは付き合う価値のない人間なんだと、一生懸命、自分自身を説得しようとしているのではなかろうか、という思いが湧いてくるかもしれません。

以上のような着想から、クライエントの心の動きを推測すると、次のような仮説が自然に浮かび上がってきます。クライエントは、クラスメイトと親密になりたい欲求を潜在的に抱いている。けれども、その自分の欲求を恐れて押さえ込もうとしている。なぜなら、その欲求に従って行動してしまうと、拒否されてみじめになるだろうという不安な想像がわいてくるから。クラスメイトを見下すという行為には、この苦しい心理的状況をさしあたり楽にしてくれる働きがある。クラスメイトは付き合う価値のない人たちなんだと自分に言い聞かせることができれば、クラスメイトと付き合いたい気持ちを抑え込みやすくなる。それに、クラスメイトたちがお互いに楽しそうに談笑しているのは、見ていて妬ましい。妬ましさそのものには気づかないようにしていても、見ていてイライラする感じ、不快な感じだけは体験される。クラスメイトと一緒に居て不快なのは、この人たちの低能さ加減が我慢ならないからだということにすれば、自分の体験が合理的に説明される。

カウンセラーがこのような仮説を心に抱きながらクライエントの話を聴く場合と、こうした仮説を抱かずにクライエントの話を聴く場合とでは、話の聴き方が非常に違ったものになるでしょう。こうしたクライエントの心の動きをまったく推測できなければ、このクライエントの話を聴いていて、カウンセラーは不快になるかもしれません。説教をしたくなるかもしれません。クライエントに、人を見下す行為をやめさせることこそが援助的なことだと考え、人を見下す自分の行為をどう思うのか、それを変えたいと思わないのか、などという方向へ話を進めようとするかもしれません。

カウンセラーが先に述べたような仮説を抱いたとして、そしてその仮説がクライエントの心の動きに実際に沿った適切なものであったとして、そのときの介入の仕方には多くの道筋が考えられます。クライエントにとって受け容れやすい道筋と、そうでない道筋があるでしょう。そしてどのような道筋を取るにせよ、カウンセラーの上手下手というものもあります。だから、適切な仮説を抱けばそれだけでうまくいくと保証されるわけではありません。しかしなお、カウンセラーが適切な仮説を抱かなければ、カウンセリングは誤った方向にさまようことになってしまうというのも明らかです。クライエントについての正確な理解がなければ、果たしてカウンセリングがクライエントの役に立つかどうか、とても危ういことになるでしょう。

カウンセラーは、クライエントが「自分は何に不安を感じ、何を恐れているのか」を、正確かつ適切に、自発的に述べることができるという前提に立つべきではありません。むしろ、それができないからこそ、クライエントはここに来たのだと考えましょう。クライエントが真に恐れているものを明確にする作業は、カウンセリング過程の本質部分の一つであって、カウンセラーの仕事なのです。

✤テキスト分析に陥るな

前節で述べたことの繰り返しになりますが、大事なことなので繰り返します。**クライエントの話の内容だけを聴いていては、よいカウンセリングはできません。**

初心者のカウンセラーは、カウンセリングでは一生懸命話を聴くんだということで、クライエントの話を本当に力一杯一生懸命に聴こうとするものですが、そのときに、話の内容ばかりを聴いていることが多いのです。クライエントという**目の前に現に存在して生きている人**には注目せず、クライエントが発した後のただの言葉の内容（文字化可能なデータ）のみに注目して話を聴いている。これでは、しばしば揶揄される近代医療のありよう、つまり、患者を見ずに検査結果のデータだけを見て治療する医師と同じではないでしょうか。

クライエントが発した言葉の概念的内容は、生きてはいません。それは生きたクライエントが残した痕跡のようなもの、抜け殻のようなものです。それよりも、生きたクライエントに注目しましょう。クライエントが発した言葉の内容ではなく、その言葉を発しているクライエントに注目しましょう。生きていない言葉の内容と戯れるのではなく、生きたクライエントと関わるのです。

カウンセリングが相手にしているのは、クライエントという人であって、クライエントの話の内容ではないのです。だから、たとえクライエントの発話量が少なかったとしても、それに伴ってカウンセリングで扱われる材料が少なくなるわけではないのです（シャピロ、一九八九）。

クライエントの話の内容を理解して、それを分析して、解決策を出す。このような作業をここではテキスト分析と呼びましょう。ここでいうテキストとは文字化されうる言語情報のことです。テキスト分析は非常に知的な作業です。アタマでする活動です。

クライエントの話の内容にばかり注目して、一生懸命それを分析し、解決策を出そうと忙しくアタマを使っているカウンセラーには、よいカウンセリングはできません。クライエントが話すとき、その話の内容だけでなく、表情や声や視線や身振りなどを通してクライエントが今ここで発している雰囲気やニュアンスを敏感に肌で感じ取りながら聴くような聴き方が必要なのです。*

身体感覚によるクライエントの情動状態のモニター

感情や情動（不安、怒り、うつなど）は、その人の意図とは無関係にほぼ自動的に、身体を通して表出されます。そして、感情や情動は、周りの人たちの身体に、それらの人たちの意図とは無関係にほぼ自動的に伝わり、周りの人たちの身体に何らかの反応を引き起こします。人間という生物はそのようにできているのです。カウンセラーはクライエントの感情や情動の動きを敏感に感じ取るために、自分の身体的な状態を常にモニターしておく必要があります。身体は、クライエントの発話の内容とは別の次元で重要な情報を伝えてくれるコミュニケーションの経路なのです。

なぜそんな聴き方が必要なのかと言えば、これまで述べてきたように、カウンセリングにおいては、不安を代表とする不快な感情の働きが関わっていることが非常に多いからです。そしてそのような場合には、**最も肝心な心の動きは、クライエントの話す話の内容には決して出てこないことが多い**からです。

✤人は幸福を願い、不幸に陥ることを恐れる？　常識的前提を離れよ

クライエントの話を聴いていて、クライエントが何に不安を抱いているのかを見定めるのが難しいのには、また他の要因もあります。それは、クライエントの不安は、しばしば世間の常識的な見方では計れないということです。**常識的な先入観にとらわれていては、よいカウンセラーにはなれない**のです。

たとえば、こんな例を考えてみましょう。何事にも自信がなく、とくに対人関係で引っ込み思案な性格を何とかしたいという悩みを訴えて来談した女子学生がいるとします。彼女の話を聴いていると、彼女は、集団で協力して取り組むような活動への参加にとても消極的であることが分かります。

彼女は、集団活動で自分が参加すると周りに迷惑をかけるから、可能な限り参加しないようにすると言うのです。学校時代、球技大会でサッカーをするはめになったなら、彼女はなるべくボールが来ないところにいるようにしたと言います。クラス対抗の合唱コンクールでは口をぱくぱくさせるだけ。ディベートの授業で、グループに分かれて討議する場面では、意見があっても発言しないようにする。

彼女が相談に来たのは、そのような消極的な性格を改善して、もっと積極的に集団に入って

いけるようになりたいと願ってのことでした。しかし、同時にまた彼女は、どうしても積極的に集団に参加することができない自分に気づいていました。彼女は、積極的に参加することが周りから期待されている場面でも、自分から進んで身を引いてしまうのです。

彼女はそうするときの自分の気持ちについて、次のように述べました。「みんなが私のことを『あいつがいなければいいのに』『あいつがいなければ勝てるのに』『あいつが足を引っ張っている』と内心思っていると思うんです。だから自分からその集団を去るようにする。周りからそう思われていると思いながら、その集団にとどまることが耐えられないんです」。

実際に周りの人が彼女にそんなことを言ってきたことがあるわけではありません。これは彼女の想像なのです。彼女の心のどこかからそうした想像が勝手に湧いてくるのです。そして彼女はその想像に支配されてしまうのです。どうしてもその想像を払いのけることも受け流すこともできなくて、苦しくて、その集団から去る選択をしてしまうのです。集団から去ってしまえば、そうした苦しい想像から解放されますから。

となると、彼女が恐れているのは、その想像ということになるのでしょうか。確かに彼女はその想像を恐れています。その怖い想像を避けるために、集団を去るのですから。そして、集団を去ったときに、不本意な思い、悔しい思いとともに、恐怖から解放された安堵感を感じるのですから。

だとすれば、その想像を怖がらないでいられるように援助すればいいのでしょうか。しかし、この想像の内容自体は怖くて当たり前のものですから、それを怖がらないようになるという目標は非現実的でしょう。どちらかと言えば、このような想像をしないでいられるように、あるいは、このような想像が湧いてきても取り合わないでいられるように、このような想像に支配されてしまったときにはできるだけ早くに「これは想像なんだ、現実じゃないんだ」と思い直し、その想像から醒められるように、といったことが現実的な目標になるかと思います。

しかし、こうしたことを目標にして面接に取り組んでみても、なかなか事態は進展しないのです。クライエントは、こうした目標を実現することが有用であることを理解し、協力的な態度で取り組むのですが、どうにもならないのです。

そのうちに、カウンセラーは、あることに気づきます。クライエントがこの想像に容易に屈服してしまうとき、そこには何か不思議な安堵感があるようなのです。怖くて苦しい想像に苛まれながらも、どこか安堵している感じ。むしろ、その想像を単なる想像だと受け流して、集団にどんどん入っていける自分になることの方に不安があるのではないか、という感じです。

そこで次のようなやり取りが生じました。

「集団の中には、あなたを邪魔に思うのではなく、あなたと一緒にやりたいと思っている人もいるでしょう。そういう人がいる場面を想像してみてくれるかな。誰かがあなたと一緒にやりたいと思っているという場面を想像してみて」

「妄想としてしか想像できない」

「本当にそう思う人もいるでしょう。それが現実でしょう。現実に、誰かが本気でそう思っているのと想像してみて。妄想ではなく、現実に。その場面を想像してみたらどんな感じがするかな？」

「嬉しい。だからがんばってその人の期待に応えないといけないと思う。でも私には応えられない。だからその集団を去った方がいい。」

「期待なんてない、下手でもなんでもいいから、無理にがんばらないでいいから、今のままのあなたでいいから、一緒にやりたいと思う人がいると想像してみて。そういう人は現実にいるはずです。その場面を想像してみて。どんな感じ？」

「（目を赤くして、声を詰まらせながら）幸せです。でも人の思いは変わりやすい。いずれはきっとそういう気持ちは失われる。それが恐いんです（涙）。」

　このやりとりは、彼女の心を深く動かしました。彼女の目から涙がこぼれたことはその印です。このやりとりの中で、クライエントは、彼女が恐れているものに直に触れることができたのだと考えられます。

　彼女は、人から温かく迎えられることをとてもとても強く望んでいます。そのことに燃えるような希求があります。激しい熱望があります。もしそれが得られたら、本当に天にも昇るような幸せな気持ちになるのです。それほどの幸せ、それほどの熱望。だからこそ、怖いのです。それが失われる可能性が。そのはかなさが。その無常性が。彼女はその幸せにあまりにも強く執着しているので、その幸せを体験することを自分に許してしまうと、それを失う恐れに激しく取り憑かれてしまう。だから彼女は選んだのです。その幸せを自分の体験からあらかじめ完全に閉め出すことを。

　世間の常識では、人は幸せを求め、不幸を避けると考えます。幸せが恐れの対象になるということは、世間的な常識にとっては想定外のことです。もしカウンセラーが世間一般の常識にとらわれてしまっているなら、こうした恐れは盲点になりやすいと言えます。

　長年、カウンセラーをやっていると、人の心は世間一般の常識では計れないということがよく分かってきます。

　たとえば、世間一般の常識では、人は親切にされると嬉しいものだ、感謝するものだ、ということになっています。けれども、親切にされて、嫌な思いをする、恨みがましい気持ちになる、ということは実によくあります。押しつけがましい一方的な親切だから嫌な気持ちになるというのではなく、本物の親切、心に沁みるような温かな親切が、まさにそうであるからこそ、嫌な気持ちをかき立てるということがありえます。

というのは、自分には親切心がとても欠けていると信じていて、そのことで自分をみじめに思っている人にとっては、人から親切にされる経験は、とても嬉しい経験であると同時に、そのように親切にできる人のことを妬ましく感じる経験ともなってしまうのです。親切にしてくれる人は、その人にとって、素敵な人、尊敬できる人、大好きな人なのですが、だからこそ、自分にはないものをもっていていてそれを見せびらかしてくる感じがする嫌な人でもあるのです。ただ単に嫌な人というのではありません。よい人だからこそ、好きな人だからこそ、その人がもっている美点や魅力がたまらなく妬ましくなる、そういう意味で嫌な人なのです。複雑ですが、とても人間的な心の動きです。何も理解不能な病的な心の動きではありません。

ある理髪店の店主さんは、非行少年と呼ばれてきたある青年に思いやりを示し、店でアルバイトとして雇って世話していました。ところが、ある日、その青年は店の売り上げをレジから持ち逃げし、それっきり姿を消してしまったのです。その店主さんは言いました。「私としては、精一杯、目をかけてやっていたつもりなんですが、あの子には私の気持ちは通じなかったんですかねえ」。

私は、そうではないと思います。温かく接してもらって、その温かさが伝わったからこそ、その青年は、攻撃的な行動に出たのだと思います。自分にはないと信じている温かさを、惜しげもなく人に与えることができる人がいる。それが妬ましい。何かケチをつけたい。その人の温かさが偽物だった、大した代物じゃなかったと思えたら、きっと楽になる。そんなふうな心の動きから、その青年は裏切り行為に走ったのではないかと思えるのです。こんなことをされたら、あなただってその親切を引っ込めるでしょう、親切にしたことを後悔するでしょう、結局はその程度の親切心だったんでしょう、と言いたいのです。温かさが伝わらなかったら、そんなことを言いたい気持ちにはなりませんし、そんな行動を取る必要もないかもしれません。

その青年には温かい気持ちが伝わらなかった、だから青年は自分に攻撃的な行動を取ることができたのだという店主さんの理解の仕方は、常識的な見方に制限されたものだと思います。

ほめ言葉を恐れる人。自分の有能性を恐れる人。人からの温かいまなざしを恐れる人。同情されると不安になる人。自分の中の優しい気持ちを恐れる人。もしカウンセラーがそのような恐れや不安をあり得ないこととはじめから思い込んでいるなら、クライエントの中にあるそうした気持ちの動きに敏感に気づくことはできないでしょう。こうした先入観を離れて、クライエントの心の動きを見つめていくことが大切なのです。

✤前向きの動機と逃げ出す動機

たとえば、学生であるクライエントが、驚くほどたくさんの授業を取っているという話をします。そして自分はいろんなことに興味があるのだと言います。しかしそこには、何か真実味が感じられない。クライエントは興味があると言ってはいるのですが、どうも楽しそうな感じ、わくわくする感じ、嬉しげな感じ、といった積極的なテイスト感が感じられないのです。

このとき、クライエントは、たくさんの授業に本当に関心をかき立てられ、惹きつけられているわけではない可能性が高いと考えられます。だとすれば、なぜクライエントはそんなことをするのでしょうか。

人が何かをするときには、大きく分けて二種類の動機があると思います。一つは、好きなもの、面白いもの、有意義なもの、などなどのポジティブなものに惹きつけられ、そちらに向かっていく動機、**目標に向かう前向きな動機**です。もう一つは、不安をはじめとする不快な感情を引き起こすネガティブなものを避けようとする動機、**後ろから恐怖に追い立てられて逃げ出す動機**です。前向きな動機には、目標へと向かうはっきりとした方向性があります。逃げ出す動機には、目標や方向性がありません。もしどちらの方向にでも逃げられるのなら、どちらに行ってもいいのです。けれども、世の中には、それほど広い範囲に逃げ道が開かれていないことがしばしばあります。逃げ道は一本道だったりするのです。ということは、人が一本道を走っているとき、見た目はまったく同じように見えながら、そうしている人の動機には二種類あるということになります。前に魅力あるものがあってそこを目指して向かっている場合と、後ろに怖いものがあってそこから逃げ出そうとしている場合です。

目標に向かって走っている人は、そこに到達したとき、「やったー」という喜びを感じます。これとは対照的に、後ろの何かから逃げている人は、逃げ切れたとき、「ほっ」と安堵します。そのとき喜びや達成感は感じません。

もし常軌を逸するほどたくさんの科目を履修している学生が、それほど楽しげな口調ではなかったとしたなら、その学生は、実は、通常の範囲の科目を履修するだけだと、不安になるのかもしれません。そのように自分の可能性を制限することに不安があるのかもしれません。そしてその不安から逃れるために、たくさんの科目を履修しているのかもしれません。

もしそうであるとすれば、その学生は、できるだけ多数の科目を履修し終えたとき、つまり、その見かけ上の目標を達成したとき、やったーと喜ぶよりも、ほっと安堵するのでしょう。そこに到達したことの体験上の意味は、背後から迫ってくる怖いものから逃げ切れたということにあるのであって、その到達地点そのものには、それ以上の積極的な意味はないのです。背後から怖いものが迫ってきていないなら、つまりまったく自由に選択できるのだったら、その到達地点に到達したいという積極的な気持ちが強くあったわけではないのです。

問題は、このような事情がある場合に、非常にしばしば、人はそのようにありのまま正確には語らないということです。たいていの場合、「私は、普通の範囲の数の科目しか履修しないと不安になってくるのです。だからたくさんの科目を履修しているのです」などとは言わないのです。むしろ、「いろんなことに興味があって、たくさんの科目を履修したいのです」などと言うのです。もちろんたいていの場合その言葉は、まったくのでっち上げというわけではなく、ある程度は正しいのです。けれども、そのある程度正しい陳述で彼の行動が十分によく説明されるのかというと、まったくそんなわけではないのです。むしろその説明は、もっと適切な陳述による説明を見えにくくさせてしまうという意味で、とても問題をはらんでいると言えます。

もちろん、そのとき、この学生は、わざと嘘をついているわけでも、都合の悪いことを隠そうとしているわけでもありません。自分なりに自覚できる範囲のことをもとに、自分の行動を合理的に説明しようと努力しているだけです。不安を伴う心の動きは、自分でもほとんど自覚されないことが多いのです。

このようなとき、カウンセラーは、クライエントの話を聴きながら、クライエントの声になにか真実味がない感じを感じます。まずはそのような自分の感じに敏感に気づくことが大事です。心を自由にして、クライエントの話の内容だけでなく、表情、視線、姿勢、態度などに注意を払い、クライエントの存在全体に感受性を開いて聴いていることが大切なのです。逆に言えば、カウンセラーが、クライエントの話の内容だけを聴いて、言語的な情報を頭で理解しているだけであるならば、そのカウンセラーには、クライエントが直接的には語り得ない重要な心の動きを理解することはできないでしょう。

カウンセラーは、「いろんなことに興味があって」という学生の言葉に、何か違和感を感じました。楽しさや興味やわくわくする感じなど、積極的な動機が生き生きと伝わってこないので、おやっと思ったのです。何かかなり大変なことをしているのに、積極的な動機が伝わってこないとき、クライエントにその行為をさせているのは、不安などの否定的感情である可能性が高いと考えられます。クライエントがその道を進んでいるのは、前に魅力を感じてそこに向かっているからではなく、後ろからの不安に追い立てられているからではないのか。心に浮かぶそのような疑問に導かれて、カウンセラーは、この学生の中に不安を避ける心の働きを推論するのです。

第7章まとめ

本章では、人間の心理における不安の働きについて考察しました。不安の心理的からくりを理解することは、カウンセリングの実践にとって非常に重要なことです。

- 人は、通常、不安を引き起こす刺激を反射的・自動的・無反省的に避けようとする。
- 不安を引き起こす刺激を回避する行動を自由に取れる状況にある場合、ほんのかすかな不安の兆候が示唆された段階で反射的に回避の行動が生じる。
- そうした場合、たとえ特定の事態に遭遇すると極度に不安になる傾向がある人も、普段、その不安をまったく経験せずに生活できるし、自分にはそういう傾向があると自覚することさえなく生活できる。
- そうした場合、その人は不安を経験しないので、面接においても不安について話すことはない。
- そうした場合、クライエントは不安について話さないけれども、クライエントが訴える問題の中心には、不安の働きがある。
- そうした場合、カウンセラーは、直接には語られない不安の働きを感じ取ることが必要になる。

……….

□常識的な物の見方に縛られていると、直接語られることのない、こうした微妙な心の動きはいっそう見えにくくなる。

……….

文　献

・シャピロ Ｄ（一九八九）『自己欺瞞の精神療法：ナラティヴの背面へ』（田澤安弘訳、二〇〇八）北大路書房

第8章　カウンセリングの限界と広がり

✤カウンセリングは唯一絶対の援助？

悩んでいる人、心理的・行動的な問題を抱えている人がいるとします。その人は、カウンセリングを受けるべきなのでしょうか。カウンセリングを受けなければならないのでしょうか。

もちろん、そんなことはありません。カウンセリングを受けないと救われないのでしょうか。カウンセリングは、現代社会が提供する合理的な選択肢の一つであるに過ぎません。こんなことは言うまでもないこと、当たり前のことのようにも思われます。しかしながら、私がさまざまなところで見聞きしたことからすると、どうもそれはさほど当たり前のことでもないようです。

そこで、最終章である本章においては、念のために、このテーマを取り上げておくことにしました。

カウンセリングは、唯一絶対の援助ではありません。

深刻な悩みや問題を抱えている人でも、カウンセリングを受けずに改善することはよくあります。悩んでいる人が、並のカウンセラー以上に上手に傾聴し、的確なフィードバックを与え

てくれる友人と出会うということもありえます。旅に出て、大自然に触れて、心を動かされ、重要な心理的変化を遂げることもありえます。荒野をさすらう中で神の啓示を得ることもあるかもしれません。仕事上の出来事で人生観が変わるような体験をすることもあるでしょう。ただただ時間が流れて、家族状況が変化することが、その人の気持ちを変えることもありえます。悩んでいる人自身ではなく、その人の家族メンバーの誰かが何らかの重要な体験を経て変化することによって、悩んでいる人が変化するということもあります。宗教的指導者、占い師、祈禱師、霊能者、ヒーラーなどの関わりによって変化することもありえます。マッサージや鍼灸治療を受けて、心の状態が変化することもありえます。身体的な病気を経験することによって、心理的な変化がもたらされることもあります。住居のリフォームで家族の問題が解決し、それに伴って心理状態が改善することもあるでしょう。

　これと関連することですが、カウンセリングの効果についての膨大な研究を概観し、その意味するところを議論している研究者たちは、**カウンセリングを受けている期間中にクライエントに生じる肯定的な変化のかなりの部分は、カウンセラーとの関わり以外の要素によるものとして説明できる**、という見解を発表しています。つまり、カウンセリングを受けている間に就職が決まったとか、恋人ができたとか、昔の友人とたまたま出くわして交友が復活したとか、お父さんが適切なアドバイスをしてくれたとか、そういったさまざまな出来事が、クライエントの状態の改善に重要な役割を果たしているというのです。これらの研究者たちは、カウンセリング中に生じるクライエントの改善のうちの約四〇パーセントが、（そもそもクライエントがどういうリソースを備えた人物だったのかという要因も含めて）こうしたカウンセリング以外の要因によるものではないかとさえ述べています（Asay & Lambert, 1999）。

　つまり、カウンセラーは、クライエントが改善した場合でも、その改善における自分の影響力について独善的にならないよう、注意が必要だということです。クライエントの改善のかなりの部分は、面接室の外に広がるクライエントの生活場面においてクライエントを助けているリソースによって支えられたものなのだということを、カウンセラーは忘れるべきではないのです。

たとえば、クライエントがカウンセラーの援助を受け容れ、それを建設的に用いることができたのは、そもそもクライエントの生活の中の周囲の人々の支えがあったからこそだと言えることも多いはずです。クライエントは、カウンセラーから言われたことをどう受けとめてよいか分からないようなとき、しばしば家族や友人に相談します。そこでの家族や友人の助けに支えられることによって、カウンセリングが効果を発揮していることはよくあります。新しい友人ができるとか、よい上司を得るとかいったような、肯定的な生活上の出来事のおかげで生活が楽になったり、自尊心が高められたりした結果、カウンセリングにおいて自分の中の暗い側面を見つめる勇気が湧いてくるということもよくあることです。

それどころか、中には、クライエントの改善は、実は一〇〇パーセント面接室外の要因によるものであって、カウンセラーは実質的にはそこに何らの寄与もしていないということもあるかもしれません。カウンセリングを受けなくても、まったく同じように改善したクライエントも少なからずいるはずなのです。

しかしながら、非常にしばしば、カウンセラーは、これとはまさに逆の思いを抱いてしまいがちです。つまり、自分はこんなに一生懸命クライエントを助けようとしているのに、クライエントの生活内のさまざまな人物がクライエントを傷めつけている、といった思いを抱いてしまいがちなのです。事例報告を読んでいると、クライエントの親や配偶者が、虐待的、冷淡、未熟、無理解などといったニュアンスを伝えるようなやり方で単純に平板に記述されていることはよくあります。同様に、クライエントの友人や同僚や上司もまた、否定的なニュアンスを伝えるようなやり方で単純に平板に記述されていることがよくあります。

もちろん、クライエントに関わってきた特定の少数の人物に関して、それが適切で的を射た記述である場合はありえるでしょう。けれども、そうした場合でさえ、その人物が生きた人間である限り、それほど単純でも平板でもないことの方が普通なのではないでしょうか。カウンセラーは、むしろ立体的で複雑な見方の方に開かれているべきではないでしょうか。そうでなければ、クライエントの体験がより立体的で複雑なものになっていくよう促進することはできないでしょう。

これと関連することですが、ある種のカウンセラーは、カウンセリングルームという密室の中で生じるカウンセラーとの交流の時間を、クライエントの生活の中のほかの時間よりもはるかに重要なものと見なしています。

その典型が、クライエントが人生の中で得られずにきたような肯定的な体験を、カウンセラーとの間で体験してもらおうというような大それた考えを誇らしげに抱いているカウンセラーです。このような大それた考えに立ったカウンセリングでは、クライエントにとって、面接室の外の生活は砂漠であり、面接室だけはオアシスである、というように感じられる状況が、人工的に作り出されることになってしまいます。これはとても有害なことです。むしろ、クライエントがなぜそのような肯定的体験をこれまで自らのものとして所有できずに来たのかを理解し、カウンセリングルームの外のクライエントの生活の中に可能性としてすでに存在している潜在的・萌芽的な肯定的出来事を十分に追求でき、体験できるように援助するのが本道です。

カウンセリングは、カウンセラー一人でやっているものだと思っているカウンセラーもしばしば見かけます。しかし、密室において一対一で行う個人カウンセリングであっても、本質的には、決してカウンセラー一人でやっているわけではありません。相談室であれ、病院であれ、何らかの機関において行われているのであれば、通常、誰か他のスタッフがいるでしょう。たとえそのスタッフがカウンセラーではなかったとしても、そうしたスタッフに支えられて、カウンセリングは成立しているのです。まったくの個人開業のカウンセラーの場合であっても、近隣の人や、同業者のネットワークがあるでしょう。そうしたものに支えられて、カウンセリングは成立しています。カウンセラーがそうした人たちとどのような関係を持っているかは、面接室の周辺の雰囲気にどことなく反映されます。そしてその雰囲気は、微妙ではあるけれども重要なやり方で、カウンセリングのプロセスに影響を及ぼしているのです。

もし本当にいかなる意味でも一人でやっているカウンセラーがいるとすれば、そのカウンセラーは極端に不利な条件下で仕事をしているのだと言えます。そのカウンセラーの面接室の周辺には、孤独な雰囲気が流れているでしょう。それは、そのカウンセラーにとっても、そのカウンセラーに会っているクライエントにとっても、決して望ましいことではありません。

カウンセリングを唯一絶対の援助であると信じ込んでいるカウンセラー。カウンセリングの時間がクライエントの生活の中のどんな時間よりも重要だと信じ込んでいるカウンセラー。カウンセリングは周囲の人的・物理的環境から切り離された密室の中でカウンセラー一人によって行われているものだと信じ込んでいるカウンセラー。

このようなカウンセラーに特徴的なのは、クライエントを生活の中の身近な人々から切り離し、面接室の空間を周囲の環境から切り離し、面接の時間をクライエントの生活の時間から切り離す見方です。そして、面接室の外には、有害な人物や、価値の低い時間があって、面接室の中には、クライエントを成長させうるカウンセラーがいて、特別な価値をもった時間があると考えるのです。こうした考え方自体が非常に独善的で狭量だと私は思います。

カウンセリングは、人と人とをつなぐものです。というよりも、**あらゆるものはそもそも相互関係の中に存在しているのであって、完全に独立しているものなどない**のです。カウンセリングはただそのことをありのままに見ていくことを助けるだけのものです。なぜ、わざわざその自然に逆らって、そんなにも人為的に切り離す必要があるのでしょうか。

上に述べてきたように、カウンセリンググループの外に広がるクライエントの生活の中には、多くのリソースがあります。そのリソースの大きさは計り知れないものです。**カウンセラーは、それらのリソースに頼りつつ、それらのリソースを活用できるようクライエントを援助するべきであって、それらのリソースを無視したり敵視したりして、独力でクライエントを援助しようとするべきではありません。**そんなやり方でうまくいくほど、カウンセラーの力は大きなものではないのです。

スポーツ選手の場合でも、自分の筋肉の力だけに頼って運動するのでは高度のパフォーマンスはできないそうです。世界的なレベルの選手は、筋力だけでなく、重力という自分の外にある自然の力をとても効果的に用いて運動しているそうなのです。スタート・ダッシュのときでも、むやみに後ろ足で蹴って進むのではなく、前に出る足のひざを緩めて、前に倒れるようにして進むのだそうです（小田、二〇〇五）。

カウンセリングも、これと同じようにやりたいものです。カウンセラーはできるだけ自分の力でクライエントに働きかけようとしない方がよいのです。クライエントの中にある力、そして面接室の外にある力をどう効果的に用いることができるか。そこにこそ鍵があるのです。

✤カウンセリングを受けて悪化するケース

カウンセリングは唯一絶対の援助だと信じていた読者にとっては、カウンセリング中に生じたクライエントの改善のかなりの部分がカウンセリング以外の要因によるものとして説明できるとか、そもそもカウンセリングを受けないでも改善するかもしれないとかいったことは、衝撃的な内容であったかもしれません。ここでさらに、カウンセリングを受けて悪化するケースもあるということを述べると、読者は驚かれるでしょうか。

多くの入門的なテキストでは、カウンセリングの肯定的な側面ばかりが紹介されています。入門書なのだからまずは肯定的なことのみを教えるべきだという考えには確かに一理ありますが、そういう本ばかりが出回ると、初心のカウンセラーは、カウンセリングはどんな問題にでも常によい効果をもたらすものだと思い込んでしまうかもしれません。カウンセリングは、最悪の場合でも、効果が上がらないだけで、クライエントを悪化させるとか、害を与えるとかいうことなどありえないと信じ込んでしまうかもしれません。そうしたカウンセラーは、カウンセリングによってクライエントが非治療的なやり方で傷つきを体験する場合や、カウンセリングを受けてクライエントの状態がますます悪化する場合があるなどとは思いもよらないかもしれません。けれども、残念ながら、そういう場合もあるのです。

ここでは、カウンセリングの危険性について、簡単に触れておこうと思います。たとえ入門レベルの本であったとしても、こうしたことについて、しっかりと伝えておく必要があると私は考えています。それが、読者である将来のカウンセラーを守り、そのクライエントを守ることにつながると思うからです。

カウンセリングや心理療法を受けて、状態が悪化するクライエントがいるということは、あまり心地のよいことではありませんが、否定できない事実です。

一口に、カウンセリングによる悪化と言っても、その中身にはさまざまなものがありえます。典型的には、カウンセリングを受けて、カウンセリングに反応して、明確に状態が悪化していくケースがあります。

より目立たない害もあります。たとえば、カウンセリングを受けることで、周囲の人に自分は専門家のカウンセリングを受けなくてはならないほど苦しいんだとアピールしようとして、そのためにカウンセリングを受け続けるようなクライエントがいます。カウンセラーとの関係に満足を見出し、カウンセリングの時間を楽しみにして、カウンセリング以外の生活を改善させようと取り組むよりも、それをあきらめてただやり過ごそうとするようなクライエントがいます。カウンセリングによって目に見えて悪化するわけではないものの、目に見えて改善するわけでもなく、ただ長年の間にカウンセリングへの依存性が高まっていくようなクライエントもいます。こうしたケースにおいては、クライエントはカウンセリングを誤用ないし乱用しているのだと見ることもできます。しかしカウンセラーがこうした誤用や乱用を看過してしまうと、比較的ゆるやかな形ではあっても、やはりカウンセリングが害をもたらしたと言える状況が招来されてしまうのです。

悪化効果が生じた場合について調べてみると、中には、そのカウンセラーの個人的な問題に起因するものと見なされうる場合もあります。たとえば、クライエントに対して苛立ちや非難をそのままぶつけ、それを「治療的な解釈だ」と合理化して省みないカウンセラーの場合のように。

悪化効果がそうした一握りの明らかな「問題カウンセラー」だけが引き起こすものであるのなら話は簡単です。けれども現実はそうではありません。特に「問題カウンセラー」だとは言えないごく普通のカウンセラーが、ある特定のクライエントにはうまく対処できない、ということがあるのです。カウンセリングの中でクライエントは傷つき、悪化していく。カウンセラーがそれに責任を感じて懸命に何とかしようとする中で、逆に、クライエントはますます傷つき悪化していってしまう。そういうようなケースもあるのです。

さまざまな学派に属する何人ものカウンセラーにカウンセリングを受けてきて、どのカウンセラーのカウンセリングでも傷つき、そのたびに状態が悪化した、といったケースもあります。こうした場合、その悪化効果を、特定のカウンセラー個人の問題だと片づけてしまうことは、より重大な問題から目を逸らせることになってしまうでしょう。特定の学派のカウンセリングの問題だと見なすことさえ、不適切でしょう。そのクライエントには、カウンセリングそのものが不適合であった可能性さえあるのです。（こうしたケースの中には、カウンセリングをやめる決意をして、カウンセリングなしの生活を始めてみて、逆にそれまで激しかった問題行動が緩和されるケースもあるのです。）

こうしたケースで最も問題とされるべきは、個々のカウンセリングが失敗したことではなく、これまで複数のカウンセラーにカウンセリングを受けてきてそのたびに状態が悪化したという経歴を知りながらそのクライエントを引き受けた、三人目以降のカウンセラーの判断でしょう。

カウンセリングや心理療法の効果を調べた統計的な研究によると、一〇人がカウンセリングを受けたとして、そのうち六〜七人は改善し、二〜三人は変化がなく、一人は悪化するというのが平均的な結果のようです（岩壁、二〇〇七）。もちろん、これはあくまで平均的な数字であって、カウンセリングの効果は、カウンセラー個人個人によってかなりの違いがあるということも分かっています。しかしながら、どのような優れたカウンセラーであっても、うまくいかないことはあるのです。一〇〇パーセント、どんなクライエントに対しても成功を収めるカウンセラーなど存在しないのです（コトラーら、二〇〇三）。

現在の平均的なカウンセラーは、こうした問題についてかなり無防備なようです。こうした問題が、カウンセラーの口から率直に語られることはあまりありませんし、こうした問題を正面から論じた文献もあまり多くないからです。クライエントには失敗から多くを学ぶよう援助しているカウンセラーが、自らの失敗についてはとても消極的な取り組みしかできていないのは残念なことです。

ここで、その例外となる優れた文献をいくつか紹介しておきましょう。

フランシスほか（一九八四）の『精神科鑑別治療学』という本では、「無治療の選択」というテーマに一つの章が割かれています。これは、たとえあきらかに問題を抱えた人が目の前にいる場合でも、カウンセリングや心理療法をしないという選択をすることが、場合によっては最も有用な選択となりうるということをはっきりと論じた、私が出会った数少ない文献の一つです。岩壁茂先生（二〇〇七）の『心理療法・失敗例の臨床研究』や、遠藤裕乃先生（二〇〇三）の『ころんで学ぶ心理療法』、コトラーら（二〇〇三）の『まずい面接：マスター・セラピストたちが語る最悪のケース』も、とてもいい本です。これらの本は、カウンセラーが失敗から多くを学ぶことができることを、温かく前向きなやり方で示してくれています。

カウンセラーはこうした問題についてよく認識し、研究し、こうした事態をできる限り避けるべく日々努力を重ねていかなければなりません。**カウンセリングは万能なものでもなければ、完成されたものでもない**のです。この領域におけるわれわれの知識は本当に未熟なものに過ぎないということを決して忘れるべきではありません。

✤カウンセリング以外の援助への信頼

カウンセリングの限界について述べてきましたが、私はこれを決して残念なこととして述べているわけではありませんし、無力感をもって述べているわけでもありません。カウンセリングに限界があるのは当然のことです。そこから先は、他の援助に委ねるだけの話です。それは**カウンセリングの敗北ではなく、他の援助への信頼**なのです。

私のカウンセリングではどうにも変化が生じなかったあるクライエントは、民間のフリースペース（ゆるやかな構造をもった若者のグループ活動の場）に参加するようになって、大きく改善されました。私のカウンセリングではさして改善されなかったクライエントが、キリスト教会に関わるようになって改善されたこともあります。吉本新喜劇が大好きで、吉本の劇場に通い詰め、そこから改善が生じたと思えるクライエントもいます。

悩みや問題を抱えている人の多くは、古典的でオーソドックスなカウンセリングではない、もっと別の援助を求めています。

たとえば、子育てに悩んでいる孤独な母親にとって最も助けになるのは、家を訪問してくれて、家事や育児を手伝ってくれて、その中で悩みを聴いてくれて、気持ちを受けとめてくれると同時に、押しつけがましくないやり方で実行可能なアドバイスをしてくれる先輩のお母さんでしょう。不登校気味で、登校してもしばしばしんどくなって保健室に行きたがる生徒にとっては、体温を測ったり体調のチェックをしたりしながら、話を聴いてくれる養護教諭の先生の関わりがとても助けになるでしょう。放課後、夜遅くまで家に大人が誰もいないために孤立している子どもたちにとっては、仲間とともにいられて、夕食を一緒に食べたり、風呂に一緒に入ったりする生活の場を与えられるとともに、勉強を教えてくれたり、一緒に遊んでくれたり、話し相手になってくれたりする年長者の関わりが助けになるでしょう。囲碁が好きな独居の老人には、定期的に訪問して碁の相手になりながら、何となく話を聴いてくれ、ちょっとした買い物や家事を手伝ってくれる若者は大いに助けになるでしょう。

こうした援助を提供するNPO団体が、最近よく新聞紙上などで紹介されるようになってきました。こうしたNPO団体は、現実には大いに必要とされていながら、病院や行政機関など、確立された援助施設で雇用されている専門的な心理援助者がなかなか提供できないし、しようともしないような種類の心理援助を提供しているのです。

実のところ、世の中で現実に必要とされ、また提供されている心理援助の大半は、生活場面において、生活上の現実的な課題に一緒に取り組む中で、周囲の人から与えられる具体的で実際的な援助の中に溶け込んだ心理援助なのです。

また、最近よく新聞紙上などで、「愚痴聞き屋」などと称する、電話で話を聴く商売が繁盛しているという記事をたびたび目にします。こうした商売はきわめてカウンセリングと近縁のものだと言えるでしょう。むしろ、パーソナルなコミュニケーション・ツールとして携帯電話が普及した現代社会における、カウンセリングのアジア的な発展形であり普及形だとも言えるかもしれません。週に一回、有料で、密室で、一対一で会話するという、オーソドックスな、狭義のカウンセリングよりも、量的により求められているのは「愚痴聞き屋」の方ではないかとさえ思われます。

本書も含めて、カウンセリングの入門書を読んで学んでいる読者の大半は、こうしたさまざまな種類の援助のためにカウンセリングを活かそうとしている人たちだと思います。週に一回、有料で、密室で、一対一で会話するという、オーソドックスな、狭義のカウンセリングを行う人は、ほんの一握りでしょう。

読者がすでに持っている何らかのスキルやリソースに、カウンセリングの学びを加えることで、オーソドックスなカウンセリングと近縁ではあるけれども、それとは異なる独自の援助ができてくるのです。家事ができる人、育児経験が豊富な人、地域社会に豊かな人間関係のネットワークを持っている人、専門的な仕事のスキルや知識がある人、特定の趣味を追求している人。それぞれが、そうしたスキルやリソースにカウンセリングの学びをプラスすることで、独自の援助が構築できるはずです。

ここで重大な疑問があります。これらの援助は、オーソドックスなカウンセリングよりも劣るものなのでしょうか。より専門性の低いものなのでしょうか。確かにこれらの援助はオーソドックスなカウンセリングよりもカウンセリング自体の専門性においては低いことが多いでしょう。でもそのとき、その専門性が高いことがより価値が高いことだという前提に立ってよいものでしょうか。

このような疑問をここに掲げたのは、カウンセリングを教えたり学んだりしている多くの人が、オーソドックスなカウンセリングをより専門的なものであり、より高度なものであって、だからこそより価値の高いものだと決めつけているように見えるからです。そして、こうした非オーソドックスな多種多様な援助の価値を認める場合でも、専門的でオーソドックスな援助よりも劣るものとして見下げながら認めていることが多いように見えるからです。

さすがに、専門家教育においてコミュニティ心理学*が多少なりとも浸透してきた現在においては、こうした非オーソドックスな多様な援助を「素人による危険な行為」としてあからさまに否定したり、「専門家の仕事を横取りしようとする怪しい連中」として公然と敵視したりする専門家はほとんど見かけなくなりましたが、しかしなお、その価値を真に積極的に認めて応援的な姿勢を取る専門家はさほど多くないというのが私の印象です。

カウンセリングであろうがなかろうが、苦悩する人を、一時しのぎではない形で、少しでも楽にするようなものは、すべていいものです。何度も繰り返しますが、現在知られているようなカウンセリングは万能なものではなく、最強のものでさえありません。最も高度のカウンセリング専門家が持っている知識や技術や経験でさえ、人の心の複雑さ、奥深さの前では、きわめて不十分なものでしかないということをカウンセラーはしっかりと心に銘記しておくべきです。

そして心から本当にそう思えたとき、カウンセリング以外の援助をより真剣に考慮する地平が、その人の眼前に自ずと拓けてくることでしょう。

第8章まとめ

本章では、カウンセリングの限界を見つめてきました。カウンセリングの限界をしっかりと認識することによってこそ、カウンセリングの外に広がる世界のリソースを活用した

コミュニティ心理学

伝統的な心理援助は、相談機関にやって来た個人の変化や成長を、相談室での面談において援助することに中心を置いています。しかしながら、相談に来た個人が抱えている問題は、その個人の生活環境、つまりコミュニティのあり方によっても大きな影響を受けています。たとえば不登校は、その子ども個人の成長によって乗り越えられる面があると同時に、その子が属する学級、学校、地域社会、ひいては日本の学校制度のありよう等々が変化することによって乗り越えられる面もあります。コミュニティ心理学は、個人が呈している心理的問題をその個人とコミュニティとの関係から捉え、コミュニティへの介入によって解決していくことを目指す心理援助です。一般に、コミュニティ心理学では、コミュニティにおいて心理的問題に対する理解がある非専門家を育成し、そうした人々と協働することが重視されています。

り、そうしたリソースにクライエントを委ねたりすることができるようになるからです。

- □カウンセリングは悩み苦しんでいる人にとっての唯一絶対の援助ではない。
- □カウンセリングによってクライエントの状態が改善した場合でも、そこにはカウンセラーの寄与だけでなく、面接室外のクライエントの生活における人々や出来事の肯定的な影響力の寄与も含まれているだろうことを忘れるべきではない。
- □カウンセリングによってクライエントの状態が悪化する場合もあるということを現実的に認識しておくべきである。
- □カウンセリングの限界を認めることは、カウンセリングの敗北ではなく、他の援助への信頼である。

文献

- Asay TP & Lambert MJ (1999) The empirical case for the common factors in therapy: Quantitative findings. In Hubble MA & Duncan BL, Miller SD (Eds.) The heart and soul of change: What works in therapy. pp.23-55. Washington D.C.: American Psychological Association.
- 遠藤裕乃（二〇〇三）『ころんで学ぶ心理療法：初心者のための逆転移入門』日本評論社
- フランシス A、クラーキン J、ペリー S（一九八四）『精神科鑑別治療学：理論と実際』（高石昇監訳、一九八九）星和書店
- 岩壁茂（二〇〇七）『心理療法・失敗例の臨床研究：その予防と治療関係の立て直し方』金剛出版
- コトラー J・A、カールソン J（二〇〇三）『まずい面接：マスター・セラピストたちが語る最悪のケース』（中村伸一監訳、二〇〇九）金剛出版
- 小田伸午（二〇〇五）『スポーツ選手なら知っておきたい「からだ」のこと』大修館書店

あとがき

本書の草稿は、二〇一一年三月一一日（東日本大震災）の前に、すでに書き上げられていました。

大震災は、人の命のはかなさを思い起こさせる契機となり、また、人生の時間の貴重さを思い起こさせる契機ともなりました。

そのような思いを抱いてこの草稿に向き合うと、無駄な言葉が多いのに気づきました。言うべきことだけを言うというのは、とても難しい。人生を深く見つめ続けていなければ、人は容易に、無駄なこと、余計なことを言いたくなるものです。

今、私たちの社会は時代の大きな岐路に立っていると思います。私たちは、大震災を、「目覚めさせる体験」にまで高めることができるでしょうか。この問いに対する答えが、私たちの子どもの世代、孫の世代、そしてその先の何世代にもわたる人々の幸福を大きく左右することになるのではないかと私には思えるのです。

こうした大きな「社会的問題」と、カウンセリングで扱うようなきわめて「個人的な問題」とは、決して切り離された別々のものではありません。うつ、自殺、引きこもり、食行動異常などの「個人の問題」と、短期的な経済効率の優先、原子力発電のやみくもな推進、相互扶助よりも競争と自己責任の強調などの「社会の問題」とは、互いに互いを形成していると同時に、互いに互いから形成されているもの、日々、共発展しているプロセスなのです。

　その意味で、本書がたとえわずかでも読者の身近な「個人の問題」への取り組みを助け、それによってより大きな「社会の問題」にもよい影響を与えることを願っています。


　ともかく、私は本書をのびのび書きました。

　本書で私が述べていることを「正しいこと」だと捉えないで下さい。カウンセリングについての私の考え方は、あまり上品ではありませんし、系統立ってもいないし、すごく優れているとも言えないと思います。私は「正しいこと」を教えたいわけではなく、ただ読者を私なりのやり方で「インスパイア」したいと願っているだけです。

　もしみなさんが、この世のどこかに完成されたカウンセリングの方法がすでにあって、その方法を学び、完全にマスターしさえすれば、最強のカウンセラーになれる、という考えを抱いておられるのであれば、残念ながら、それはまったくの幻想だと言わざるをえません。そんなものはどこを探しても存在していませんし、これまでも、これからも、決して存在することはないのです。

　カウンセリングは面白いものですし、カウンセリングの実践について考えることも面白いことです。カウンセリングはしかめ面してやるものではないし、しかめ面して論じるものでもないと思います（カウンセリングでも、その他の仕事でも、過重な負荷がかかれば楽しむことはできなくなりますが、そのこととここで言っていることとはまったく別の次元に属することです）。

　カウンセリングを実践していて、クライエントのことが少しでもよく理解できると、とても嬉しいですし、楽しいです。カウンセリングでの関わりを通して、クライエントに笑顔が増え、生き生きした表情が出てくると、とても嬉しいです。心が一つになったような、温かな交流の時間は、喜びに満ちたものです。涙あり、笑いあり、怒りあり。カウンセリングの実践はドラマそのものです。

もちろん、カウンセリングの時間は、そんなに生き生きとして充実した時ばかりではありません。うまく援助できていないと感じて悩んだり落ち込んだりするときも多々あります。でも、そうしたことを含めても、やはりカウンセリングの本質は、楽しいものだと思います。

多くのカウンセラーが、カウンセリングから、楽しさをうまく引き出すことができずにいるのは残念なことです。カウンセリングの本質をしんどいものだと勘違いしている人さえいます。カウンセラーがしんどい思いをすればするほど、仕事をきちんとしていることになるのだと錯覚しているのです。不幸なことです。

カウンセリング実践中に、カウンセラーがただただしんどい時間を過ごしていたり、無味乾燥で殺伐とした時間を過ごしていたり、集中できない眠い時間を過ごしていたりしているとき、その時間はクライエントにとってもさほど有益な時間とはならないはずです。そうした時間が積み重ねられていくのをただ耐えながら、こうして耐えることがクライエントを助けるだろうと期待するとしたら、そのときカウンセラーは、自分はただ安易な選択をしているのではないかと疑ってみることが必要でしょう。

もちろん、どうにも耐えるしか仕方のない場面もあります。けれども、考え得る手立て、取り得る手立てをぎりぎりまで試みようとすることもなく、早々と耐えるという選択に引きこもってしまってはいないでしょうか。そのことをよく検討してみる必要があるでしょう。積極的に何か違う手立てを試みることで、突然、視界が開け、生き生きとした関わりが生まれてくることもよくあることです。

みなさんのカウンセリング実践に、楽しくて嬉しい時間がもっと増えればいいなと願っています。みなさんにそうした喜びを味わって欲しいのです。そういう喜びを知ったカウンセラーは、この仕事にやみつきになりますから。

関西カウンセリングセンターをはじめ、さまざまな場での研修会や講座において、私は、カウンセリングを学びたいという強い情熱と切実な問題意識をもったたくさんの方々と出会ってきました。こうした出会いは、私にとってもとても貴重なものです。そうした方々との出会いの中で、私の側にも喚起されるものがあるからです。それは、インスパイアしたいという情熱です。その情熱こそ、本書を執筆する上での私のエネルギー源となってきたものです。そうした方々に、この場を借りて、お礼を述べておきたいと思います。

もちろん、日頃、面接室で出会っているクライエントの方々にも、お礼を述べたいと思います。私のカウンセリングの学びの中核部分は、クライエントの皆さんとの出会いから得られたものだからです。

そして、本書をこうして読んでいただいた読者のみなさん。皆さんにも感謝します。いつかまた一緒に学ぶ機会があるといいですね。

最後に、本書の執筆を可能にし、また陰で支えて下さった京都大学カウンセリングセンターの同僚のみなさん、そして私の家族にも感謝したいと思います。また、創元社編集部の渡辺明美さんには、本書の草稿段階から数多くの的確なアドバイスと温かい励ましとをいただいてきました。とても感謝しています。同じく創元社編集部の紫藤崇代さんにもお世話になりました。ありがとうございました。

二〇一二年九月

杉原保史

付録

付録1　マインドフルネス瞑想のエクササイズ

以下のエクササイズは、カバットジン（一九九〇）の『マインドフルネスストレス低減法』とシーガルら（二〇〇二）『マインドフルネス認知療法』を下敷きにしてアレンジしたものです。

✤　✤　✤

✤マインドフルネス瞑想のエクササイズ

1　楽な姿勢で椅子に座ります。背もたれにもたれず、浅く座り、背筋を無理なく自然に伸ばします。頭のてっぺんで天井を押し上げるようなイメージを持つといいでしょう。力なく背中を丸めないように、かといって、力んで背中を反らせないように。上半身にしなやかな垂直の軸がすっと通るように座ります。首、肩、背中、胸が心地よくリラックスしていて、腹と腰がどっしりと据わっている姿勢です（図A－1）。

……………………

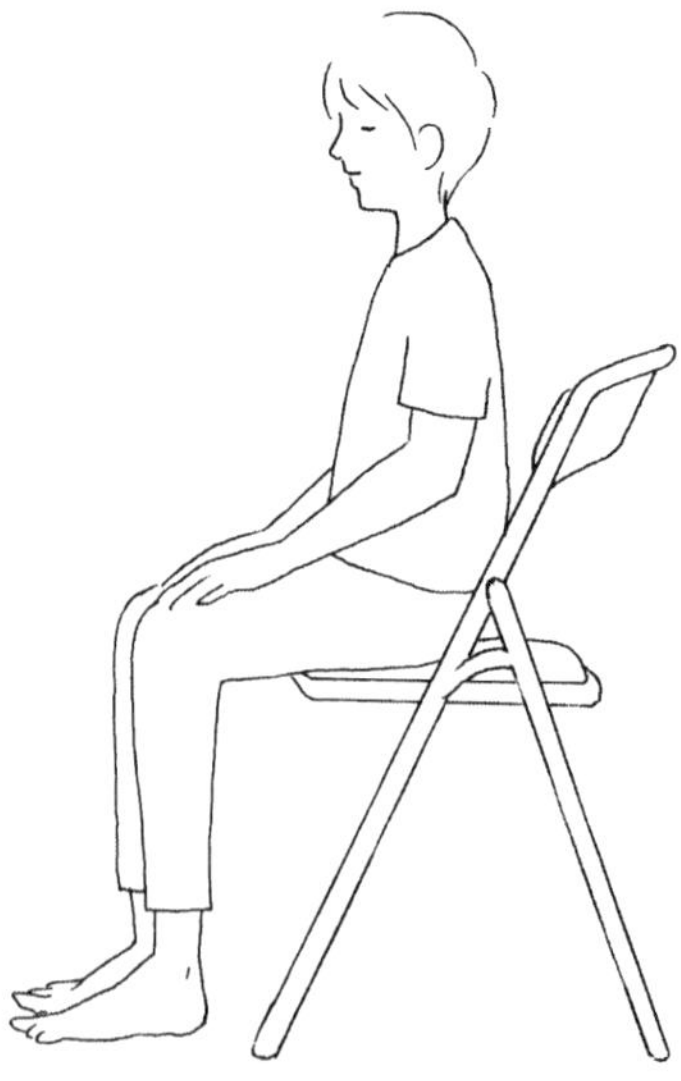

図A-1　瞑想姿勢

2　足の裏はべったりと床につけます。手はゆったりと太ももの上に置きます。目を閉じた方が気持ちよく集中できると感じる人は、軽く目を閉じましょう。

……………

3　呼吸におだやかに注意を向けます。呼吸をただていねいにじっくりと感じます。吸う息を感じ、吐く息を感じます。鼻やのどを通っていく空気の感じを感じます。呼吸に伴う身体の動きを感じます。息を吸うときに身体のいろいろな場所がふくらむのを感じ、息を吐くときに身体のいろいろな場所がしぼむのを感じます。呼吸に伴って、お腹や胸や肩や脇腹や背中に生じる身体の動きを感じます。

……………

4　呼吸について考えるのではありません。呼吸をコントロールするのでもありません。呼吸を意図的に深くしようとか、ゆっくりしようとかする必要はありません。そのようなことをしようとしている自分に気づいたら、その意図を手放します。ただ身体が自然に呼吸するのに任せて、それをただありのままに感じます。

……………

5　瞑想中に生じてくるどのような体験に関しても、このように自然に任せる態度をとりましょう。ただありのままの自分を感じます。今ここのありのままの自分以外の何かになろうと努力することはありません。あらゆる体験をただそのままのありのままの状態にしておきます。それを何かほかのものに変えようと努力する気持ちや、ほかのものになったらいいのにと期待する気持ちを手放します。

……………

6　しばらくするとあなたは、いつのまにか自分の注意が呼吸から離れているのに気がつくかもしれません。あなたは、何らかの考えに入り込んでいたり、何らかの夢想にふけっていたりしている自分を見いだすかもしれません。これはまったく普通のことです。人間の心はそのようにできているのです。このように呼吸から注意が逸れているのに気づいたなら、その考えや夢想に別れを告げて、ただ穏やかにそっと呼吸に注意を向け直します。百回逸れれば、百回戻します。千回逸れれば、千回戻します。その度ごとに、ただ優しく穏やかに注意を戻すだけです。この練習の最も重要なポイントは、注意がさまよわないように制御することではありません。自分の注意がどのように動こうとも、穏やかにそれに気づき、親しむことです。

7 呼吸だけに注意を絞り込まなければならないというのではありません。生じてくるすべてのことをありのままに生じさせながら、それとともに呼吸します。おだやかな呼吸を感じながら、それとともに座ります。途中で苦痛や不快を感じても反射的に取り除こうとしないで、その感覚とともに呼吸します。嫌な考えや否定的な感情についても同様にそれとともに呼吸します。

……………

8 このエクササイズを、毎日、都合のいい時間に、一〇分間行ってみましょう。気乗りがしなくても、とにかく続けてみて欲しいのです。生活の中にマインドフルネス瞑想を取り入れることで、生活の質がどのように変化するか、実感的に調べてみて下さい。

✤ ✤ ✤

この瞑想では、まず呼吸に注意を向けることから始めます。マインドフルネス瞑想のエクササイズには、この他にもさまざまなものがありますが、その多くは呼吸に注意を向けることから始めます。

とはいえ、誤解のないように付け加えておくと、呼吸そのものが本質的に大事なわけではありません。呼吸に注意を向けるのは、マインドフルな状態を意図しようとするときに、呼吸が最も有用で便利な手がかりとなることが多いというだけのことです。それはアンカー（錨）と呼ばれることもあります。呼吸をアンカーとして、マインドフルネスに自分をつなぎ止めるのです。

文　献

- カバットジン J（一九九〇）『マインドフルネスストレス低減法』（春木豊訳、二〇〇七）北大路書房
- シーガル Z・V、ティーズデール J・D、ウィリアムズ M（二〇〇二）『マインドフルネス認知療法：うつを予防する新しいアプローチ』（越川房子訳、二〇〇七）北大路書房

付録2　イメージ・ワークによる傾聴の実習

ここに紹介するのは、イメージ・ワークの一種を用いた傾聴の実習です。

このロール・プレイでは、話し手は、空想的に何か人間以外のものになってみます。いつも自分が使っている愛用の鞄や財布や文房具や家具になってもいいですし、家で飼っている犬や猫、育てている植物になってもいいです。あるいは路傍の石、あるいは街路樹、あるいは海や川や太陽といった自然のものになってもいいです。そうして、そのものになって、話をします。

あまり深く考えずに、思いつきで選んで下さい。何になって何を話そうかなどと、あまり予め考えておくことはしない方がいいでしょう。どんな話をすることになるのか、自分でも予想がつかないままに話し始めればいいのです。成り行きに任せるつもりで。

とりあえず、以下の実習では時間を八分としています。八分でも長すぎると感じられる場合は、五分にしてもいいでしょう。逆に、八分では短すぎると感じられる場合には、一〇分、一五分といった具合に時間を調整してみて下さい。

なお、このロール・プレイは、古宮昇先生がイヌやバラになって話すというやり方で傾聴実習をしていることを人づてに聞き、面白い方法だと思って、私なりにそれをアレンジして始めたものです（古宮、二〇〇八）。その後、この方法は、イヌバラ法として大辻隆夫先生が中心になって研究・実践されているものだと知りました（大辻、一九九三／大辻他、二〇〇四）。私なりの勝手なアレンジを加えていますので、ここではイメージ・ワークによる傾聴実習としてありますが、もともとはこれは大辻先生の「イヌバラ法」に由来するものであることをここでお断りしておきたいと思います。この方法にさらに興味のある方は「イヌバラ法」で検索し、文献を当たってみて下さい。

✤　✤　✤

✤イメージ・ワークによる傾聴の実習（八分）

これは空想の遊びです。

三人一組になり、それぞれ話し手、聴き手、時計係（観察係）の役割を順番に取ります。

……………

話し手は人間以外の何かになります。軽く目を閉じてそれになっているとイメージします。準備ができたと思ったら、そっと目を開けます。

聴き手は「あなたはどなたですか？」と尋ねます。話し手が答えたら、「では、お話をお聞きします。どうぞお話し下さい」と伝えます。

……………

聴き手は、話し手が話すことを、ただ受け取るように聴きます。話し手の心の中にある感じに思いを馳せながら聴きます。そして、それを評価したり、分析したり、検討したり、変えようとしたりせずに、ありのままをただ受けとめ、感じ取るように聴きます。

話し手は、難しく考えることはありません。これは空想の遊びです。つじつまが合っていなくても気にすることはありません。ただ、状況の説明をするよりは、内面に生じている気持ちを話してもらった方が深まると思います。

……………………

話し手にせよ、聴き手にせよ、いずれかが、もうダメと思ったら手を挙げて合図し、そこで終わります。時間が許せば、やり直しても構いません。

……………………

時計係は八分の時間を計りながら二人の会話を観察します。時間が来たら会話の途中でもはっきりと伝えます。話の途中でもいさぎよくそこで終了します。

……………………

三人で感想を話し合います。

空想の遊びとはいえ、話し手が話した話はここだけのこととして、実習が終わったら、あっさり忘れます。

✤　✤　✤

この実習は、空想の遊びです。ですが、だからと言って、入門的な、初歩的な実習だと思わないで下さい。実際にやってみられた方にはお分かりいただけると思いますが、この実習で、話し手は、空想的に何か人間以外のものになって語りながら、しばしば、とてもよく自分の気持ちを語ります。自分としての立場では自由に語れない思いも、空想的に人間以外のものになって語るという場面設定が与えられると、かえって自由に出てきやすくなるのです。八分ほどの短い時間では大きな情動的気づきに至ることは少ないでしょうが、それでも聴き手がうまく聴けば、この短い時間の実習でも、何らかの情動的な解放やちょっとした気づきが得られることは十分にありえます。実際、八分程度のこの実習の中でも、話し手の気持ちがたかぶって、泣いてしまうことさえあるのです。

ちなみに、ゲシュタルト療法というセラピーでは、夢を扱う際に、クライエントに、その夢の中に出てきた人やものになって語ってもらうという方法がよくとられます。このように、空想的に何かのものになって語るという課題は、それ自体がカウンセリングの一つの技法なのです。

ですので、訓練の最初の頃だけでなく、もっと進んだ後の段階でも、この実習にまた戻ってみるのもいいと思います。

文　献

- 古宮昇（二〇〇八）『傾聴術：ひとりで磨ける〝聴く〟技術』誠信書房
- 大辻隆夫（一九九三）「ロール・プレイイングによるカウンセラーの基礎訓練：訓練法としてのイヌバラ法の紹介の試み」児童学研究、23、三二一〜四九
- 大辻隆夫・平野かおり（二〇〇四）「イヌバラ法（自己象徴的カウンセラー訓練技法）の治療的意義」こころの健康、19巻1号、四九〜六〇

付録3　リアルな場面設定でのカウンセリング実習

リアルな場面設定でのカウンセリングの実習を紹介します。三人組になって、クライエントの役をする人、カウンセラーの役をする人、時計係兼観察者の役をする人、で行います。

✤　✤　✤

✤リアルな場面設定でのカウンセリングの実習

三人一組になり、カウンセラー役、クライエント役、時計係兼観察役の三つの役割を順に取ります。

■カウンセラー役

クライエントの目から見たら世界がどう見えるかを理解しようとしましょう。クライエントの話の内容だけでなく、表情や声のトーンや姿勢や視線などにも注目しましょう。

■クライエント役

事実を話す必要はありません。プライバシーに関わる具体的情報は、脚色したり、舞台を置き換えたりなど、工夫してください。

これはあくまで練習ですから、よく分かってもらうとか、苦悩が緩和されるとか、問題が解決されるとかいったことを期待しないでください。そういうことが多少でもあればもうけものというぐらいのつもりで話せる内容、数分間話して、そこで終わってよいような内容を選んでください。

上手に話せているかどうかを気にする必要はありません。話せなければ沈黙してもいいです。あるいは「クライエント役だから何か話さないといとは思うのだが、何も思いつかなくて困っています」と話してもいいのです。

……………

カウンセラー役、クライエント役のいずれでも、もう無理、と感じたら手を上げて知らせてください。そこでストップします。

■時計係

時計係は八分の時間を計りながら二人の会話を観察します。時間が来たら会話の途中でもはっきりと伝えます。話の途中でもいさぎよくそこで終了します。

……………

終了後、三人で率直に感想を話し合います。

……………

クライエント役の方のプライバシーを尊重します。ここで聞いた話はこの実習の中だけにとどめ、実習が終わったら持ち出さない。忘れるようにします。

付録4　実習を安全に生産的に行うために考えておきたいこと

✤カウンセリングを学ぶ上での実習の重要性

カウンセリングは、一人だけで、本を読むことだけで、学べるものではありません。実際に誰かとの間で実践しながら身につけていくということがどうしても必要です。体験的に学ぶことがどうしても必要なのです。

まえがきにも書きましたが、私は、カウンセラーの仕事は、パフォーミング・アートの領域に属するものであり、身体的な技芸であると考えています。カウンセリング心理学を知的に理解していきさえすれば、単純にその理解と比例してカウンセリングの実践力が高まるわけではありません。カウンセリングの実践力を高める上で重要なのは、頭での理解よりも、むしろ身をもっての理解なのです。たとえば、人間には成長力があるという考えに基づいたロジャースの人格理論を知的に理解していることと、実際に人と接する中で「あぁ、人間には成長力があるんだなぁ」と実感することとは、まったく違う次元に属することがらです。あなたが目指しているのがカウンセリング心理学者であるのなら前者の理解が重要になってくるかもしれませんが、あなたが目指しているのがカウンセリング実践家であるのなら後者の理解こそが重要です。

身をもって体験的に学ぶためには、まずは日常の自然な人間関係の中でカウンセリングの学びを実践してみるのがとても有効なことだと思います。それに加えて、カウンセリングに興味を抱いている仲間が集まって、互いにカウンセラー役とクライエント役をとりながら、感想や意見を出し合い、実習することができれば、さらによいと思います。

ただし、こうした実習を生産的に、そして安全に行うには、いろいろな知恵と工夫が必要です。重要と思われることを以下に述べておきます。

✤実習におけるクライエント役の難しさ

カウンセラーのための訓練としてロール・プレイの実習をするときに、しばしば困るのは、クライエントの役をみんなあまりしたがらない場合があることです。特に、訓練の初期の段階での実習では、実習に取り組むメンバー同士も、まだほぼ初対面だったりするので、まだ硬く冷たい空気感の中で、クライエントの役をする人が何を話したらいいか、戸惑ってしまうのです。

ちなみに、こうした場面で、クライエントの役をする人が、本心としては話すことに乗り気ではないのに、ただ義務的に役割を引き受けて取り組もうとするなら、それは実習を行う上であまりよい状況ではありません。その状況では、クライエント役をする人が、表面的な演技をしながらうわべだけの話をすることになる可能性が高いからです。あるいは、義務感から無理をして（後で後悔するようなやり方で）自己暴露的な話をしてしまう危険性が高いからです。

クライエント役が特定の人物を演じるロール・プレイの実習であれ、素のままの自分で話すナチュラルな実習であれ、カウンセリングの実習が実り豊かなものになるためには、まず話し手であるクライエント役の人が真実の体験を無理なく率直に語ることが大切です。

何も事実を語る必要はないのです。名前や日付や具体的な事実関係などは、脚色したり、文脈を置き換えたりしても、まず何ら実習の効果を損なうことはありません。まったくの創作を演じてもいいのです。何らか真実の体験を伴うものであれば。

けれども、それがただの口先だけの芝居、真実味のない芝居、話している本人が頭で考えて作ったような空疎なお話であるなら、その話の聴き役であるカウンセラーにとって、あまり豊かな実習体験とはならないでしょう。

真実の体験と言っても、大げさに考える必要はありません。重大なこと、深刻なことを話すべきだというわけではありません。ちょっとした気がかりや、心にふと浮かんだことでいいのです。あるいは、「現在の人間関係を振り返って」とか「自分の性格について」とか「どんなときにストレスを感じるか」とか、テーマを決めて話し始めることにしてもいいでしょう。

けれども、もし心に何か本当に重いものを抱えていて、実習ではそれはまだ話したくないと感じているときに、ちょっとした気がかりを話すというのはかえって難しいこともあるでしょう。そんなふうに器用な調節はできないときもあるでしょう。どうしても難しいと感じたら、率直にメンバーにそう話して、オブザーバーとして参加するのも一つの方法です。

また、無難と思えるテーマを決めて、それについて話し始めたとしても、いつの間にか心に抱えている重い気持ちに支配されるようになってしまい、このまま話し続ければそのことについて触れないではおられなくなるだろうと感じられることもあるかもしれません。そういうときには、無理して話すことはせず、そこで話をやめることが大切です。実習を進めるメンバーは、互いに協力して、そういうことが自然に受け容れられる雰囲気を作りましょう。

このように、カウンセリングの実習におけるクライエント役をどうするかという問題には、なかなか難しいものがあります。カウンセリングの実習に集まったメンバーは、みんなカウンセリングを学びたいと思って集まっているのであって、カウンセリングを受けるつもりで集まっているわけではないので、このようなことも起こるのです。実習の中で安全に一時的にクライエントになるのには、それなりの条件とそれなりの準備が必要なのです。

この問題に単純な答えはありません。一緒に学ぶメンバー同士で話し合って、無理のないように進めて下さい。そうしたことをみんなでていねいに話し合いながら実習を進めていくこと自体が、カウンセラーとしての重要な訓練になると思います。*

✤実習のふり返り

実習をやった後は、やりっ放しにしないで、その過程を振り返ってじっくりと検討することが大切です。

講師としてこうした実習を指導していて、ふり返りの時間を持った後、受講生から「聴き手として、うまく聴けたかどうか、分からないのですが……」といったコメントがしばしば寄せられます。「私はこういうふうに応答したのですが、それでよかったのでしょうか」と尋ねられることもあります。しかしそれは、私に訊くことではなく、目の前にいる話し手に訊くことです。その答えを一番よく知っているのは、話し手なのです。究極的には、その質問に答えられる人間は、唯一、話し手だけだとも言えます。目の前にいるその話し手を差し置いて、私がその質問に答えるなんて、滑稽なことだと思いませんか。

カウンセリングは、本からだけでは学べない、講義からだけでは学べないというのはそういう意味です。実際にやってみて、その相手から学ぶしかないのです。経験によって自分のパフォーマンスを磨いていくのです。もちろん、ただたくさん経験を積めばよいというのではありません。漫然と経験だけを積んでも、上達が保証されているわけではありません。ですから、たくさん経験を積もうとあせることはありません。あなたのペースで進みましょう。まずは目

カウンセリングの学びにおけるクライエント体験の重要性
カウンセラーの訓練のための実習でクライエント役をすることは、単にカウンセラー役の人が練習するための練習台になるというだけのことではなく、それ自体がよいカウンセラーになるための訓練でもあります。クライエントの立場に立つ経験をすることは、クライエントの心情を理解する助けになるからです。

の前の相手から学ぶことです。

話し手の人に「どうでしたか」と尋ねて「よかったです」という答えが返ってきても、それで満足して終わるわけにはいきません。ここでも単に相手の言葉の内容だけに注目するのではなく、表情や声のトーン、姿勢や身振りなどに注意を払いましょう。

また、自分自身の表情や声のトーン、姿勢や身振りも、振り返ってみてはどうでしょうか。こうした場面では、批判的な内容でも落ち着いて受けとめられる態度が相手に伝わることがとても大切です。あなたが、どことなく傷つきやすく防衛的な雰囲気を放っているなら、「よかったです」という通り一遍の答え以上の、繊細で微妙な感想を相手から聴くことは、ほとんど期待できないでしょう。

とにもかくにも、あなたが相手の話を聴いていた間、話し手の様子はどんなふうだったでしょうか。

話し手が話すことに没頭していた、時間の過ぎるのが早く感じられた、感情がいきいきと体験され表現されていた、何かほんのちょっとでも内面への気づきが深まった、などはとてもよい兆しです。こうしたことが起きていたのであれば、それは聴き手がよい仕事をしたことを示しています。

✤お芝居か現実か

カウンセリングの実習を行うに当たって、クライエント役をどのように規定するか、ということが、しばしば問題になります。つまり、クライエント役は、何らかの架空の役割を演じるのか、それとも素のままの自分のことを話すのか、ということです。

まず、クライエント役を「架空の役割」の「演技」だとはっきり規定してやる場合の注意点を述べてみます。このやり方では、特定の悩みをもった特定の人物をあらかじめ役として描き出しておき、クライエント役の人はその人物を演じるのです。たとえば、職場の人間関係の悩みがあるが誰にも話せずふさぎ込んでいる中年の男性とか、自分の子育ては虐待になってはいないかと悩んでいる若い母親、など。

　このように演じる役をあらかじめ設定して行う場合には、その役が、演じ手（クライエント役）にとって、ある程度は感情移入できるようなものであることが必要です。自分の心のどこかが動いていて、役に託しながらも、ある意味では自分を表現しているという感じで演じられることが必要です。そうでないと、話し手の心の動きがとても軽薄なもの、人工的なもの、真実味のないものになってしまい、カウンセラーの役の人がいくら真剣に取り組んでも空回りの実習になってしまいます。

　高度な訓練として考えれば、こういう場面でも、カウンセラー役の人は、「お話を聴いていると、話されていることはあなた自身のことであるはずなのに、まるであなた自身の体験ではないかのような、不思議な感じが感じられてきて、困惑しています」といったフィードバックによって、この場面を扱うことができるでしょう。しかしこれはかなり高度な段階での話であって、初心者のための訓練としては、この状況はふさわしくありません。

　ですから、俳優として特別な訓練を受けてきたわけでもなく、役作りのために研究を重ねてきたわけでもない普通の人の場合、生活環境的にも気持ちの上でも、ある程度、自分に近い役を選ぶことが無難でしょう。連続殺人犯、天皇皇后、ハリウッドスターなどの特殊な役を演じることは避けた方がいいでしょう。

　この実習で、生活上身近な存在だけれども、よく理解できない人物を演じる方もあります。たとえば、口を開けば年老いた親とけんかばかりしてしまうという悩みを持っている方が、自分の親を役として演じる場合などがそうです。こうした場合、その役を真剣に演じているうちに、どうにも理解できなかった相手の気持ちについて、何らかの気づきが生まれることはよくあります。そういう意味では、そのロール・プレイは有意義なものだと言えます。

ただし、自分がよく理解できない人物を演じることは、やはり一般的には難しいことだと思います。とりわけ、親子や夫婦といったような深いつきあいのある相手ではなく、近所の人とか、知り合いの知り合いとか、テレビで見た人とかであれば、意味のあるロール・プレイはほとんどできないのではないかと思います。その人が何を思い、何を考えているのか、どんな気持ちなのか、よく理解できない人物を役として演じると、最後まで空疎な演技に終わるはめになりがちです。もちろん、真剣に演じているうちに、自分の中で何かが動き始めて、その人物について何らかの理解が生じてくることはありえます。しかしそうは言っても、ここでやろうとしているのはカウンセリングの入門的実習ですから、わざわざこのような役を選ぶことはないと思います。

次に、クライエント役がナチュラルに自分自身として話すやり方で実習を行う場合の注意点を述べてみます。

演じるのではないので、自然にやりやすい面がある一方で、難しさもあるでしょう。たとえば、実習に参加するメンバー同士の日常の人間関係のあり方によっては、自分ないしは話に登場する人物のプライバシーに関わる具体的な情報には踏み込めない場合があるでしょう。

また、実習は一〇分とか二〇分とかいった短い時間設定で行うことも多いですし、たとえ五〇分で行う場合でも定期的に継続して面接するわけではなく単発的に行うのが普通ですから、いったん話し始めたら途中で切り上げることが気持ちの上で難しいような話題はふさわしくありません。さらには、聴き手はプロのカウンセラーではなく、あくまで修行中の同僚です。上手に聴いてもらえないと、深く傷ついたり、落ち込んだりしてしまうような話題も不適切です。

ですので、上のことを総合すると、話題としてふさわしいのは、参加メンバーに共有されることでトラブルになりうるようなプライバシー情報に入り込まない話題、制限時間で切られても大丈夫な話題、上手に聴いてもらえなくても大丈夫な話題、です。たとえば、緊急の重要問題ではないけれどもちょっと気になっていることとか、決して破綻しそうというわけではなくて十分に維持可能ではあるけれども多少ストレスを感じている人間関係上の気がかりとか。

今現在、まさに傷口が開いているような深刻な苦悩を抱えているときには、上の条件に合うような話題を選んで話すことは難しいものです。無難な話題からスタートしても、いつの間にか、その深刻な苦悩について話してしまっているかもしれません。深刻な苦悩については話さないようにしようと思うと、何も話せなくなってしまうかもしれません。そのようなときには、決して無理をしてはいけません。前にも書きましたが、そういうときにはオブザーバーになってもよいのです。実習を重ねるにつれ、一緒に学ぶ仲間との信頼関係が深まっていき、深刻すぎて話せないと思っていた悩みでさえ「話せるかも」と感じられるようになったなら、話してみるのもよいでしょう。しかし、もしそういう気持ちになれないままにそうした悩みが長く続くようでしたら、実習の継続は難しいかもしれません。まずはプロのカウンセラーに相談するなどし、安心して実習を続けられる状態を実現する方が先決なのではないか、という考えを検討してみて下さい。その状態で無理をして実習を続けるよりも、その方が実習の成果も豊かになることだろうと思われます。

このような場合とは逆に、とりたてて悩みもないし、クライエント役になっても話すことがなくて困るという方もしばしばいます。しかし、悩みがないということは、現実にはありえないと思います。もし本当に悩みがないという体験が実感的にあるのだとすれば、そのときには悩みがないことを悩んでいい状態だと思います。

個人の幸せというものは、他者の幸せから切り離して存在することができません。誰かが不幸であるままで、個人だけが単独で幸せであるということなどありえないのです。もしあなたが、そんなことはない、私は単独で幸せになれると主張する方であるならば、少なくともその主張を疑う視点を持たない限り、カウンセリングを学ぶことは無理だと言わねばなりません。個人と個人とは切り離された存在ではなく、心理的に深く響き合う存在だという認識は、カウンセリングが基本的に依って立つ前提です。その前提がなければ、「共感」などありえないということになってしまいます。

それに、個人が単独で幸せになれるという考えは、それ自体、とても淋しい考えです。悩みがないというのは、とても淋しいことです。

たぶん、「自分には悩みがないから話すことがない」と言う方は、本心からそう言っているわけではないのでしょう。きっとどこか心の片隅には悩んでいる自分を感じているのでしょう。でも、いざクライエント役をやるとなると、悩みがないので話せない、と言うのです。もしかするとそれは自己防衛の結果なのかもしれません。その人にとって、悩んでいる自分を人に知られることは怖いことなのかもしれません。自分自身、悩んでいる自分は見たくない自分なのかもしれません。あるいは、もしかするとそれは、自己卑下的な心の動きの結果なのかもしれません。その人は、自分にはつまらない悩みしかない、自分の悩みなんて人に聴いてもらうほどのものではない、などと思っているのかもしれません。こうした心の動きについて少しでも気づきが生じれば、その人は、こうした心の動き自体をクライエント役の話題として話せるようになるでしょう。

いずれにせよ、こうした実習のやり方を採用したときに、クライエント役に当たった人が、適切な話をすることができず、そのために実習が暗礁に乗り上げてしまう事態になることがありえます。そういうときには、話せないことで自分を責めたり、あせったり、無理したりしないこと。もしできそうであれば、実習にふさわしい話題を選んで話すことができないということ自体を話題として取り上げ、落ち着いて穏やかにじっくりと考えてみてもいいでしょう。そのこと自体をめぐって感じることや思うことを率直に話してみましょう。何かいい展開が生じてくるかもしれません。

具体的な名前や事実を話すことがプライバシー的に問題がある場合には、脚色したり、話の舞台を置き換えたりして、創作を加えてみて下さい。

このように、脚色したり、舞台を置き換えたりして、創作を交えながら自分の話をする場合、別人の役を設定して演技するのとさほど変わらないようになってきます。感情移入しながら役を演じるのと、創作を交えながら自分の話をするのとは、「水くさい酒」と「酒くさい水」のように、もはやはっきりとは区別できないものになっていきます。

カウンセリングの実習を考えるときに、クライエント役が架空の役割を演じるのか、それともナチュラルに自分のことを話すのか、の区別にこだわる人が多いのですが、私にはこの区別にこだわる情熱がほとんどありません。それよりも、クライエント役の人は自分の体験に触れながら意味のある話をしているか、それとも、ただ実習でやらなくてはいけないから形だけやっているのか（ただのお芝居なのか）、の区別の方がよほど重要だと思います。架空の役割の演技でも真に深い自己表現がなされている場合もあれば、自分のことを話していることになっているけれどもただ形式的に役割をこなしているだけという場合もあります。

ロール・プレイというやり方でカウンセリングの実習をするとき、それはカウンセリングのお芝居をするという意味ではまったくありません。お芝居だから気楽にやっても大丈夫などという考えは間違っています。ロール・プレイをするというのは、カウンセリングごっこをするということではないのです。それはロール・プレイというやり方を用いた本物のカウンセリングなのです。

ただそうは言っても、クライエント役が架空の役割なのか、その人そのものなのかの区別をつけることが重要になる場合があるのも事実です。

もし、この実習を行うメンバーが、週に一回とか月に一回とか、毎回数時間、定期的に集まって実習する以外には、生活の場はそれぞれ離れていて、数ヶ月とか一年とかの実習の期間が終われば、もう出会うこともないというような場合であれば、どちらのやり方でも行うことができるでしょう。けれども、大学院で専門にカウンセリングを学んでいる人たちのように、生活の場が長期間にわたって共有されていて、卒業後も何らかの形で出会う機会がしばしばあると予想されるような場合には、クライエント役ははっきりと架空の役割だと規定しておく方が安心でしょう。そしてもし、クライエント役をしている人が現実の自分の経験を話していることが明らかに見て取れる場合でも、それはあくまで架空の役割の演技なのだという認識をメンバー全員で堅持し、実習時間が終わればその話はあっさり忘れるというルールを徹底します。

✤実習における傷つき体験について

以上のようなカウンセリングの実習の中で、メンバーから、傷ついたという訴えを聞くことがあります。ロール・プレイやカウンセリングの実習セッションの中で、あるいはその後のふり返りの話し合いの中で、傷つくようなことやつらくなるようなことを言われたというのです。こうした実習において、傷つきの体験が生じた場合、それをどう受けとめたらいいのでしょうか。これはとても大事な問題だと思いますので、ここで検討してみたいと思います。

誰かの発言に傷ついたとき、そのことを相手に直接に伝えるのはなかなか難しいことです。傷ついた人は、傷ついたまま、その気持ちを一人で抱え込んでしまうこともあるかもしれません。となると、傷つき体験をもたらした発言者の方は、自分の発言が相手に与えた影響に気づかないままに実習を終えることが多いということになります。このような事態は、双方にとって残念なことです。

実際、カウンセリング実践においては、カウンセラーはクライエントに、クライエントが痛みを感じるかもしれないメッセージをあえて伝えたり、クライエントが痛みを感じるような課題にあえて取り組むよう求めたりすることがしばしばあります。もちろん、それは、そうすることが最終的にはクライエントの生活をより豊かにすることだと信じ、クライエントにはそれを受けとめる力があると信じるからです。

けれども、そのようにクライエントにとって痛みを伴うかもしれないような内容を伝える時、カウンセラーは何の考えもなくそれをただ思いつきで伝えるわけではありません。思慮なくクライエントを単に痛めつけ、傷つけるような行為はカウンセリングではありません。そうした内容をあえて伝えようとする時、カウンセラーには理論的な裏づけと見通しがあるものです。またこうしたコミュニケーションにおいて、カウンセラーには、クライエントにとって聞きにくい内容を、クライエントができるだけ受け取れるよう工夫しながら伝えるのです。

とはいえ、最高に熟練したプロのカウンセラーでも、思いがけずクライエントに傷つきの体験を生じさせてしまうことはあります。カウンセリングにおいてそうしたことは時に避けがたいことなのだろうと思います。むしろ、それが生じたときに、まずそのことに敏感に気づけるかどうか、そしてそれをどう扱っていけるのか、といった点にこそ、カウンセラーの力量が表れるのです。

カウンセラーがクライエントの傷つきに気づくことができないままに、事態がずるずる経過していってしまい、カウンセラーからすれば原因不明のままに中断に到ってしまうということもありえないことではありません。そのことを思えば、クライエントから傷ついたと告げられるという事態は、少なくともそれを知らせてもらえるだけの関係を築いてきたという意味で、肯定的に捉えるべき面を持っていると言えるでしょう。

まだまだカウンセリング学習途上にある実習参加メンバーの方々が、互いにフィードバックを行うとき、相手が傷ついているかもしれないことを敏感に感じ取ったり、そのような内容を温かみをもって伝えたりすることが上手にできるとは、当然のことながら、標準的には期待できません。しかし少なくとも、そのように努力してほしいですし、自分の発言が相手にどのような影響を与えているのか、注意深くモニターする努力を怠らないようにして欲しいものです。

傷つき体験をした人から、実習における発言に際して、もっと配慮をもって欲しいという声が上がることがあります。カウンセラー役をした人に、クライエント役で心を開いて話した人に対する、ごく自然の配慮がないのだとしたら、それは悲しいことであり、そうであれば確かにもっと配慮して欲しいと思います。

しかし難しいのは、不用意に傷つき体験を相手にもたらす発言をして気づかないでいる人が、しばしば意識的には自分は十分配慮しているつもりであったりするということです。配慮の努力さえなされれば、そうした傷つき体験は常に避けられるというわけではありません。むしろ、カウンセリングの実習に取り組もうというような志ある人が、わざわざ相手を傷つけようと意図して発言することは、滅多にないと言えるでしょう。むしろ傷つけるようなことは何としても避けようと最大限に配慮の努力をしているのだと考えた方がよいでしょう。すでにそうした配慮の努力がなされている中で、傷つきが生じたのだと考えた方がよいでしょう。

むしろ、多くの実習参加メンバーは、相手を傷つけまいと配慮しすぎる結果、当たり障りのないこと、無難な誉め言葉しか口にしないようになってしまっているのではないでしょうか。そうなると、実習におけるフィードバックがもつ成長促進的ポテンシャルはほとんどゼロに近いところにまで引き下げられてしまいます。それではこんな実習など最初からしない方がましということにさえなってしまうでしょう。その上、相手が傷つくかもしれないという配慮から当たり障りのないことしか言わないでおくという対応は、それ自体で相手に傷つき体験をもたらすことさえありうるのです。

さまざまな理由から、傷つき体験を完全に避けることがいずれにせよ不可能なのだとしたら、このような傷つきの事態を、言われた人、言った人の双方にとって、貴重な学習と成長の機会にすることはできないものでしょうか。

フィードバックを与える人には、自分の言葉が相手を傷つけてはいないかと機敏に感受性を働かせること、そして相手が傷ついた兆候が少しでも感じられたら「私の言ったことをどのように感じましたか。もしかして傷つきましたか」と、勇気をもって穏やかに尋ねてみることを願います。自分の言葉がどのように受け取られ、どのように傷つきが生じたのかを知ることで、多くを学ぶことができるでしょう。そのような貴重な学びの機会をもたらしてくれた相手に感謝しましょう。相手の言うことが、自分の視点から見て合理的かどうかは、差しあたり置いておきましょう。自分の発言が、自分には思いもかけないようなやり方で人に傷つきの体験をもたらすことがあるのだということを、まずは受けとめましょう。

傷ついた人には、言われたことで傷ついた、不当で無理解な感じがして受け取れない、自分の気持ちが聴いてもらえていない、といったことを、難しいかもしれませんが、勇気をもって、穏やかに、落ち着いて、相手に伝えることができればと願います。ただし、無理をしてまでそうする必要はありません。

しかし、もしこうしたやり取りが実現したなら、そこから、どちらの側も、カウンセリングについて、多くを学ぶことができるでしょう。カウンセラーとしての成長のかなりの部分は、このような体験から得られると言っても過言ではありません。

相手から傷ついたと言われたとき、そう言われた方も傷つくかもしれません。

優れたカウンセラーが備えている重要な要素として、傷つきの体験を自らに許すことができるということが挙げられると思います。優れたカウンセラーは、クライエントから傷つけられたとき、クライエントに反撃せず、かといって傷つきに圧倒されもせず、その体験を穏やかに見つめ、その体験をクライエントのために利用することができます。

カウンセラーを傷つけるようなことを言うクライエントは、ただただ悪意的な意図に駆られているということもまれにはありうるとはいえ、たいていは、カウンセラーにフィードバックを与えているのであり、カウンセリングに参加しているのであり、そのプロセスの進展に寄与する努力をしているのです。当たり障りのないことしか言わないクライエントの方が難しいのです。クライエントが当たり障りのないことしか言わないとき、カウンセラーは自分がそのクライエントとの間で、まだ十分な信頼関係を築けていないのだと考えるべきです。

クライエント役でロール・プレイをしていて、その中で、あるいはその後の話し合いの中で、何かを言われて傷ついたときには、傷ついたことを伝えることが、プロセスに参加することであり、寄与することです。ほんの少し勇気を出せばできるような範囲のことなら、距離を置いて引きこもらずに、参加し、表現して欲しいのです。それを受けとめる力量が相手になかったとしても、それは相手の問題です。あなたは自分のやるべきことを十分にやったと誇ってよいのです。

ただし、それを伝えるに当たっては、報復的な気持ちに駆られて配慮なく相手に傷つきを訴えていないか、そのことに思いを馳せる必要もあるでしょう（自分はクライエント役、相手はカウンセラー役という役割であったとしても、基本的には同じ実習生同士なのです）。お互いに攻撃的になって「私は傷ついた」「私の方がもっと傷ついた」などと責め合う事態に発展してしまったならば、いずれか先にこのことの不毛性に気がついた方が、まず相手の訴えをしっかり受けとめましょう。

傷つきを訴えられたら、訴えられた方の人は、落ち着いて受けとめて欲しいのです。その気持ちを伝えてもらえたことに感謝しましょう。そしてその体験について詳しく話してもらいましょう。

傷つきを表現した人には、その勇気を讃えたいと思います。それを落ち着いて受けとめた人にも、その勇気を讃えたいと思います。誰が悪いのかを裁こうとするのではなく、その傷つき体験を見つめていく道にともに踏み出して行って欲しいのです。

傷つき体験をしている人が、とうていそのように踏み出す気になれないこともあるでしょう。相手が受けとめてくれるなどとはまったく期待できないので、そんなことをしてさらに傷つきを重ねたくないと思うこともあるでしょう。そんなときには無理をする必要はありません。

その場合にも、その傷つき体験から大事なことを学ぶことはできます。成長への学びは、傷つき体験から生じることが実に多いという事実を思い出しましょう。

こうした事態を、傷つき体験に支配されずに傷つき体験を静かに見つめることを練習する機会だと考えてみて欲しいのです。自分の外に存在する傷つけた相手を責めたり恨んだりする考えに取り憑かれず、自分の中にある傷つき体験そのものに焦点を当てつづけ、深く穏やかな呼吸をしながら、その体験をじっくりとありのままに見つめつづける静かな時間を確保しましょう。

傷つき体験を抑えようとせず、それに拍車をかけようともせず、生じるがままありのままに解放し、それに手を加えずに、静かに観察しましょう。そうすれば、それは、あなたにとって歓迎すべき客ではないにしても、絶対に排除しなければ破滅させられるような恐るべき敵でもないということが分かるでしょう。

その傷つきの体験も、あなたの体験であり、あなたのかけがえのない人生の時間のなにがしかを満たしたものであり、あなたの愛すべき個性の反映なのです。その体験を排除するのは、あなたの人生の一部を排除することです。それはもったいないことだと思います。人生のどの一瞬も、最も苦痛な一瞬でさえ、とても貴重なものなのです。それはあなたを殺す体験ではなく、あなたが生きた体験なのです。

またこうして静かに穏やかに観察してみると、その体験は永続的なものでも実体のあるものでもないことが分かるでしょう。心を湖の水にたとえれば、傷つき体験は表面に広がる波紋のようなもので、やがては静まっていくものです。波紋は水の表面に生じる束の間の現象であり、湖の水そのもののように実体として存在し続けているものではありません。

傷つき体験を静かに観察し、それについて深く考慮することは、人生の質を高める貴重な学習の機会となりえます。たとえば、そこから自分は何に傷つきやすいのかを学ぶことができます。傷つき体験に反射的にどのように反応しがちかを学ぶことができます。傷つき体験への反射的な反応として生じる振る舞いが自分の人生にどのような結果をもたらしてきたかを学ぶことができます。果たしてそれは自分の人生を豊かにしてきたのかを学ぶことができます。

傷つき体験がいっさい生じないように相手を無理にでも変化させようと努力することは、消耗する割に互いの成長をもたらさないものです。むしろ制御できないことを制御しようとすることになり、不安定感が増すことの方が多いでしょう。

このように傷つき体験を静かに穏やかに見つめることから多くを学んだ人は、もはや傷つき体験から自由になり、それを非報復的なやり方で相手に伝えることができるようになっているかもしれません。そのときその人は、もはや「配慮して欲しい」と求める人ではなく、「あなたのこの言葉を私はこんなふうに感じたのです」という教育的なフィードバックを与える人なのです。

このように傷つきから多くを学んだ人は、クライエントに対しても、傷つきから学べるよう効果的な援助を与えることができるでしょう。

付録5　推薦図書

本書を読んで、面白いと思っていただけた方、もっと学びたいという気持ちを抱かれた方のために、最後に、推薦図書をいくつか挙げておきます。本文中においても、ところどころで推薦図書を紹介してきました。それらすべてをここに再び網羅することはしていません。他にもぜひお薦めしたい良書はたくさんありますが、あまり多くてもかえって助けにならないと思い、気持ちを抑えて厳選しました。

なお、本書では、カウンセリングは、書物だけから、文字だけから学べるものではないと強調してきましたが、これはカウンセリング学習において書物は役に立たないということではまったくありません。やはり書物から学ぶことは非常に重要です。

とはいえ、現在、カウンセリングに関してはおびただしい数の本が出版されています。良書を選んで読みたいものです。カウンセリングの良書は、単に文字によって知的な内容を伝えるだけでなく、著者の人柄や情熱を伝え、カウンセリング場面の臨場感をも伝えるものです。読む方も、単にアタマを使って読むのではなく、心に響くものを味わいながら読むことが大切だと思います。

✤カウンセリングの概説

『カウンセリングの実際問題』

河合隼雄（一九七〇）誠信書房

私の恩師であり、個人的にも大変お世話になった河合隼雄先生の比較的初期の著作です。四〇年以上前の本ですが、いま読んでも、少しも古い感じがしません。決して難しい言葉で語られていませんが、内容はとても深く、しっかりしていて、単なる入門書ではないと感じさせられます。まだ読んでいない方は、ぜひ読んでみて下さい。

『ヤーロムの心理療法講義——カウンセリングの心を学ぶ85講』

ヤーロム I（二〇〇二）岩田真理訳（二〇〇七）白揚社

アメリカの実存的な立場の心理療法家、アーヴィン・ヤーロムが平易な言葉でカウンセリングを語った本です。トピックごとにほぼ二〜三ページにまとめられていて、忙しい人にも読みやすいと思います。時代や流行を超えて、カウンセリングの本質を捉えた内容だと思います。私はヤーロムの考えにはとても共感できます。彼の著作はいくつか読みましたが、私はどれも大好きです。

『ころんで学ぶ心理療法——初心者のための逆転移入門』

遠藤裕乃（二〇〇三）日本評論社

　カウンセリングを学ぶのは、数学や物理学を学ぶことよりも、自転車に乗るのを修得することの方により似ているものだと思います。つまりそれは、単にアタマで知的に理解する作業ではなく、心も身体も含めての実体験を通して身につけていく作業なのです。本書は、そうしたカウンセリング学習の実際をよく伝えるものです。著者は、自分自身が初心のカウンセラーとして体験した困難を生き生きと率直に語りながら、ころんでもただでは起きない精神で自ら学んできたことを読者に伝えています。

✤カウンセリング事例の実際を描いたもの

『恋の死刑執行人――心の治療物語』

ヤーロム-I（一九八九）中野久夫、春海アイ・モンゴメリー訳（一九九六）三一書房

　実際のカウンセリング事例に基づいた短編小説が一〇話収められた、カウンセリング事例小説集です。ヤーロムのカウンセリングの実際の様子が生き生きと描かれています。お勉強モードではなく、純粋に小説として興味深く面白く読むことができると思います。こうした作品に接して心を揺さぶられることは、カウンセラーの成長にとってとても滋養になると思います。

『ブライス家の人々――家族療法の記録』

ナピアA・Y&ウィテカーC・A（一九七八）藤縄昭監修（一九九〇）家政教育社

家族療法の発展の初期におけるカリスマ的なセラピスト、カール・ウィテカーの家族面接の様子を、弟子であり共同治療者であるオーガスタス・ナピアが描き出したものです。個人面接しかしないというカウンセラーにも一読をお勧めします。学派を問わず、優れたセラピストの実践報告に触れることは、大きな学びをもたらすものです。けっこう分厚い本なので、その厚みに腰が引ける方もあるかもしれませんが、読み始めればすぐに引き込まれること請け合いです。それほど面白い本です。ところどころでナピアによる理論的解説が入りますが、これも平易に書かれています。

『12人のカウンセラーが語る12の物語』

杉原保史、高石恭子編著（二〇一〇）ミネルヴァ書房

私自身を含め、青年期のクライエントを中心にカウンセリングの実践経験を長年にわたって積んできた一二人のカウンセラーたちが、日頃の実践を背景に創作した短編小説の作品集です。手前味噌で恐縮ですが、現在のこの社会において実際に行われているカウンセリング実践の姿を生き生きと伝える本になっていると思います。むしろ、本物のカウンセリング実践の姿を臨場感をもって生き生きと伝えすぎたために、一般ウケしないヘビーな本になってしまったかもしれません。

『ヒステリー研究 上』

ブロイアー J、フロイト S（一九八五）金関 猛訳（二〇〇四）筑摩書房

少し学習の進んだ人は、古典にも当たってみるとよいでしょう。これは、心理療法家とし

……………………

てのフロイトの原点とも言える有名な事例、アンナ・Oをはじめ、精神分析黎明期の事例が五つ報告された古典的な事例研究です。いずれの事例もとても生き生きと描かれており、ワクワクしながら読み進むことができるでしょう。文筆家としてのフロイトの才能が感じられます。

著者紹介

杉原保史（すぎはらやすし）

現職　京都大学学生総合支援機構　教授
教育学博士（京都大学）、臨床心理士、公認心理師

心理療法やカウンセリング等の心理的な援助を、あくまで自らの実践体験に即しながら研究している。心理療法やカウンセリング等の心理的な援助は、科学によって導かれ検証されるべきものではあるものの、その実践自体は決して科学ではなく、技芸（パフォーミング・アート）の一種であると考えている。また、心理療法やカウンセリングにはさまざまな学派があるが、いずれか一つの学派に忠誠を誓ってそれを極めるよりも、多様な学派に開かれた態度で接し、多様な視点や技術を身につけて、来談者の状況に合わせてそれらを柔軟に運用することに援助上の利点があると考えている。そしてまた、心理療法やカウンセリングの知を専門家だけの閉じられたサークルで秘蔵せず、多くの人々に届けていくことで、この社会がより生きがいのある持続可能な社会へと変容していくものと信じている。

略　歴

一九六一年　神戸市生まれ。
京都大学教育学部、京都大学大学院教育学研究科にて臨床心理学を学ぶ。
大谷大学文学部専任講師、京都大学保健管理センター講師、京都大学カウンセリングセンター講師、等を経て現職。

主な著書

『プロカウンセラーの薬だけに頼らずうつを乗り越える方法』創元社　二〇一九年
『公認心理師標準テキスト 心理学的支援法』（共編著）北大路書房　二〇一九年
『SNSカウンセリング・ハンドブック』（共編著）誠信書房　二〇一九年
『キャリアコンサルタントのためのカウンセリング入門』北大路書房　二〇一六年
『プロカウンセラーの共感の技術』創元社　二〇一五年
『プロカウンセラーの面接の技術』創元社　二〇二三年

主な訳書

『統合的心理療法と関係精神分析の接点』（監訳／ポール・ワクテル著）金剛出版　二〇一九年
『心理療法家の言葉の技術［第２版］』（ポール・ワクテル著）金剛出版　二〇一四年
『説得と治療：心理療法の共通要因』（ジェローム・フランク＆ジュリア・フランク著）金剛出版　二〇〇七年

技芸《アート》としてのカウンセリング入門

2012年9月20日　第1版第1刷発行
2024年2月20日　第1版第8刷発行

著　者……………………………………………………………
杉原保史

発行者……………………………………………………………
矢部敬一

発行所……………………………………………………………
株式会社 創元社
https://www.sogensha.co.jp/
本社　〒541-0047 大阪市中央区淡路町4-3-6
Tel.06-6231-9010　Fax.06-6233-3111
東京支店　〒101-0051 東京都千代田区神田神保町1-2田辺ビル
Tel.03-6811-0662

印刷所……………………………………………………………
株式会社 太洋社

ISBN978-4-422-11546-7　C3011